Cuvinte pentru femei scrise de un bărbat

ADRIAN CUTINOV

Desen (schita) copertă: Diana Dragoman

Prelucrare desen în Photoshop pentru copertă: Norbert Marton

Prepress: Raluca Buzoianu

Copyright © 2018 Adrian Cutinov

Toate drepturile rezervate.

ISBN: 1719202362
ISBN-13: 978-1719202367

CUPRINS

DRAGA MEA CITITOARE,   1

CAPITOLUL I   3

CAPITOLUL II   10

CAPITOLUL III   13

CAPITOLUL IV   16

CAPITOLUL V   19

CAPITOLUL VI   22

CAPITOLUL VII   25

CAPITOLUL VIII   28

CAPITOLUL IX   31

CAPITOLUL X   35

CAPITOLUL XI   38

CAPITOLUL XII   41

CAPITOLUL XIII   44

CAPITOLUL XIV   48

CAPITOLUL XV   51

CAPITOLUL XVI   54

CAPITOLUL XVII   57

CAPITOLUL XVIII   61

CAPITOLUL XIX   65

CAPITOLUL XX   70

CAPITOLUL XXI	74
CAPITOLUL XXII	78
CAPITOLUL XXIII	82
CAPITOLUL XXIVI	85
CAPITOLUL XXV	89
CAPITOLUL XXVI	93
CAPITOLUL XXVII	96
CAPITOLUL XXVIII	99
CAPITOLUL XXIX	103
CAPITOLUL XXX	107
CAPITOLUL XXXI	110
CAPITOLUL XXXII	115
CAPITOLUL XXXIII	119
CAPITOLUL XXXIV	123
CAPITOLUL XXXV	128
CAPITOLUL XXXVI	133
CAPITOLUL XXXVII	137
CAPITOLUL XXXVIII	141
CAPITOLUL XXXIX	146
CAPITOLUL XL	150
CAPITOLUL XLI	154
CAPITOLUL XLII	158
CAPITOLUL XLIII	162

CAPITOLUL XLIV	166
CAPITOLUL XLV	169
DRAGA MEA CITITOARE,	172

De același autor:
Si frunzele ascund emoții
ISBN 9786069 412473.
Cartea poate fi achiziționată
de pe site-ul www.DespreRealitate.ro,
blogul personal al autorului.

DRAGA MEA CITITOARE,

Îți scriu aceste rânduri pentru a te ajuta să conștientizezi anumite aspecte ale vieții tale. O viață pe care ai trăit-o până acum în acord cu propriile tale concepții despre moralitate, destin și fericire.

Nu îmi arog în niciun caz dreptul de a mă considera un atotștiutor. Nu dețin o rețetă a iubirii și a succesului.

Îmi place să fiu atent la tot ce mă înconjoară și aș vrea să cred că această atenție s-a unit într-un mod armonios cu experiența mea de viață, cu trăirile, cu propriile mele izbânzi și dezamăgiri, cu propriile mele credințe și propriile mele negări.

Mai mult decât toate acestea, am învățat foarte multe lucruri de la femeile pe care le-am cunoscut. Aceste ființe misterioase care așteaptă nerăbdătoare să găsească pe cineva care să le poată descifra trăirile. Cineva care poate găsi poarta ce duce spre inima lor.

Nu pot să fiu ipocrit și să nu apreciez faptul că despre femei am învățat și de la bărbați. Nu de la oricare dintre ei, bineînțeles! Doar de la bărbații care au știut mereu să-și respecte propria masculinitate și propria demnitate. Numai astfel de bărbați au învățat să aprecieze cu adevărat femeia și magnetismul ei.

Numai acești bărbați au învățat că, pentru a trăi cu adevărat împliniți, au nevoie de o forță feminină în viața lor. O forță care să le poată oferi puterea de a merge mai departe atunci când își pierd încrederea în propriile capacități.

Deși fiecare femeie este diferită, pe ele totuși le unește o forță subtilă și un adevăr care le ajută să pășească mereu către propriul lor țel și către propria lor feminitate.

Acest adevăr va reieși din paginile prezentei cărți.

Cartea a fost scrisă de așa manieră, încât am încercat să răspund întrebărilor voastre care mi-au fost adresate pe secțiunea special concepută din cadrul site-ului www. DespreRealitate. ro.

Este adevărat că nu am putut răspunde la toate întrebările, dar am făcut o centralizare a lor și mi-am dat seama că multe femei diferite se întreabă în principiu aceleași lucruri.

Vei vedea la ce anume mă refer. Unele întrebări au fost modificate, păstrând totuși particularitatea acestora și încercând în același timp să dau răspunsului o tentă generală pentru a se putea regăsi cât mai multe cititoare care se confruntă cu același tip de problemă.

Departe de a epuiza subiectul legat de relații, vreau să înțelegi că aceste răspunsuri sunt așternute pe hârtie prin lumina celor văzute și experimentate de mine. Nu dețin adevărul absolut, dar încerc să dau o sugestie persoanelor care simt că nu mai văd nicio soluție la frământările și apăsările interioare.

Îți doresc să te bucuri de această carte așa cum te bucuri de o zi superbă de mai în care te grăbești să ieși din casă, pentru a-ți reîncărca frumusețea din preaplinul naturii și din razele soarelui care niciodată nu se zgârcesc să-ți mângâie chipul.

CAPITOLUL I

De ce este atât de greu pentru bărbaţi să ne vadă aşa cum suntem noi cu adevărat? Dincolo de corpul nostru, dincolo de rujul şi machiajul pe care, culmea, le folosim tot pentru a le atrage lor atenţia asupra noastră. De ce trebuie, de cele mai multe ori să cunoaştem dezamăgirea înainte să păşim spre linire în relaţiile cu bărbaţii?

Știu că ai fost uneori rănită de către cei din jur sau chiar de bărbații pe care i-ai iubit.

Din acest motiv, câteodată, ai tendința de a critica bărbații și de a încerca să te convingi că-ți este mai bine fără ei.

Nu te judec pentru acest aspect. Înțeleg de ce rațiunea ta acceptă astfel de opinii.

Trebuie să înțelegi că fără un bărbat în viața ta îți va fi greu să răzbați prin tot acest desiș de idei, de concepții și de probleme.

Energia ta nu are o substanță activă. Energia ta este introvertită, este subtilă. Ea conferă frumusețe și armonie lucrurilor pe care le atingi.

În schimb, energia masculină este responsabilă cu lupta, cu forța și cu mișcarea. Cu rezolvarea problemelor și a conflictelor, dar și cu luarea deciziilor.

Pentru tine este necesar să-ți găsești armonia cu bărbatul de care ai nevoie.

Dacă nu l-ai aflat încă, nu s-a întâmplat exclusiv din vina lui. Și el te caută cu aceeași ardoare.

Trebuie să îți dezvolți capacitatea de a alege. Aceasta este responsabilitatea ta.

Responsabilitatea lui este să-ți ceară sa rămâi alături de el atunci când te întâlnește.

Vei observa că toate femeile, în diverse perioade ale vieții lor, își aleg bărbați foarte diferiți.

O femeie de 20 de ani va fi atrasă de un alt tip de bărbat față de cel de care este atrasă o femeie de 40 de ani.

Ideal ar fi să-l găsești pe acela care se va dezvolta alături de tine și tu alături de el, oferindu-vă unul altuia sprijinul necesar evoluției.

Trebuie să admiți faptul că fiecare femeie își alege partenerul în funcție de propria ei dezvoltare, propria ei inteligență și propriile ei aspirații.

Ai nevoie de un bărbat cu un nivel ridicat de conștiință, căci alături de el vei începe să crești și tu.

Nu este necesar să te raportezi la funcția ocupată în societate de un bărbat, căci vei putea întâlni destui bărbați cu un caracter slab, dar care ocupă funcții cheie în lumea în care ne ducem traiul.

Dacă ești atrasă doar de poziția unui astfel de bărbat, nu este vina lui că nu te poate ajuta să te dezvolți. El poate chiar și-ar dori să o facă.

Un bărbat își poate duce traiul printr-o muncă nu foarte aplaudată, dar el poate fi condus de imboldul și dorința de a-și depăși propria condiție. Un astfel de om este de zeci de ori mai valoros decât un altul care ocupă un scaun bine plătit, dar care consideră că nu mai are nimic de învățat.

Natura nu face diferența între femei și bărbați, între șomeri și înalți funcționari. Puterea de a ne dezvolta se află în noi. Fără excepție!

Se spune că nivelul unei femei îl recunoști după calitatea bărbaților pe care-i refuză.

Tu ai nevoie de un bărbat care știe să te privească așa cum ești tu, de fapt. Să știe să te adore pentru felul tău de a fi.

Și tu și el aveți nevoie de iubire. Asta nu înseamnă că iubirea este un troc. Mai bine spus voi aveți nevoie să trăiți ÎN iubire. Dacă există armonie între voi și împărțiți aceleași valori, atunci iubirea se va manifesta spontan în voi.

Dacă nu întâlnești un om care să te poată iubi pentru ceea ce ești, inima ta nu se va deschide complet, și toate deliciile trăirilor subtile nu-ți vor fi cunoscute vreodată.

Înțelegi acum de ce spun că nu are importanța comparația dintre valoarea interioară a unui bărbat și gradul acordat de societate acestuia?

Pentru tine, ca femeie, cel mai greu este să înveți să te poți abandona în iubire. Nu poți face asta până nu vei întâlni bărbatul în care să ai încredere totală.

Așa cum fac marii acrobați la circ după ce își termină numărul de sărituri. Ei nu coboară pe vreo scară. Ei se aruncă direct în plasa care îi așteaptă atât de protector, doar pentru a le oferi siguranța că nimic rău nu li se va întâmpla.

Poți să ai o relație de ceva timp cu un bărbat. Asta nu înseamnă că el a reușit să te facă să te abandonezi. Poate ești mulțumită de relație, dar nu și de capacitatea lui de a te conduce spre iubire, căci sufletul tău este în continuare *închis*.

Poate că iubitul tău nu a reușit să te facă să-ți deschizi bobocul de floare din interiorul tău. Mai ales dacă ai avut cândva o altă relație care ți-a lăsat un gust amar.

Tu îți dorești din toată ființa să te deschizi și să te abandonezi, dar acest lucru nu se face rațional. Abandonul nu se face la nivelul creierului, ci al inimii.

Ar trebui să realizezi că rolul bărbatului de lângă tine este foarte important.

Pentru un bărbat, în schimb, cel mai dificil este să învețe să fie conștient. Să fie conștient de propria lui ființă și de propria ta existență.

Bărbații sunt mult mai individualiști în ceea ce privește relațiile. Acest individualism îi însoțește și în dormitor, atunci când ei fac dragoste cu femeia iubită. Ei sunt mult prea puțin atenți la nevoile ei.

Cei mai de seamă amanți din toată istoria omenirii nu au fost cei mai bogați sau cei mai musculoși, ci au fost cei conștienți și relaxați. Cei care știau să fie atenți la nevoile femeilor din viața lor. Asta îi făcea periculoși pentru soții sau partenerii acelor femei neîmplinte care-și găseau de multe ori freamătul erotic în brațele unor astfel de bărbați.

Comunicarea ta cu oamenii din jur se face pe multiple planuri. Tu transmiți multe prin respirație, prin atingere și privire.

În același timp, îți dorești și ceri să primești o comunicare la fel de profundă din partea iubitului tău. Dar ea nu prea vine.

Trebuie să înțelegi că întreaga ta ființă, ca și întregul tău trup, nu sunt altceva decât un manifest al iubirii desăvârșite pe care tu îți dorești să o experimentezi cât mai profund. În definitiv fericirea unei femei nu este altceva decât cantitatea de iubire pe care ea o percepe și pe care o primește de la viață și de la iubitul ei.

Trebuie să înveți să manifești și tu în jur cât mai multă iubire. Pentru asta, este de ajuns să te iubești și să te accepți așa cum ești, iar în jur vei răspândi aceeași mulțumire care va fi percepută de ceilalți și, în special, de bărbații care se acceptă așa cum te accepți și tu. Vă veți atrage unii spre alții într-un mod natural.

Un bărbat potrivit te va ajuta să-ți împlinești dorința cea mai profundă a inimii tale. El te va atinge ca pe un instrument care este acordat pe aceeași gamă și aceeași frecvență cu inima lui, iar amândoi veți învăța să vă topiți în iubire.

În clipele tale de liniște și luciditate, închide ochii și încearcă să realizezi câtă iubire se regăsește în ființa ta. O cantitate uriașă de iubire de care nu ești conștientă. Aceasta poate fi dăruită din abundență și ea nu-și va micșora valoarea. Atenție, însă...

Ea nu trebuie dăruită oricărui bărbat, ci numai aceluia care te poate înțelege sau măcar aceluia care va face tot posibilul și va depune toate eforturile pentru a te înțelege.

Nu face rabat la calitatea bărbatului din viața ta. Și nici la calitatea prietenilor. Nu sta lângă cei care-ți subliniază mereu defectele.

Chemarea și aspirația ta către iubire și fericire nu sunt o obligație, ci un drept. Dacă erau obligații, se dădeau deja legi în această privință.

Aspirația ta este ceva natural. Este un dar pe care-l primești la naștere.

Uneori vei întâlni bărbați care își vor găsi scuze pentru propriile angoase și propriile frustrări. Ei vor da mereu vina pe oricine altcineva în afară de ei.

Vor acuza mediul social, mediul de afaceri sau părinții că nu le-au pus la dispoziție tot ce aveau nevoie pentru a se dezvolta într-un mod propice.

Acești bărbați nu vor înțelege cu ușurință o anumită realitate: și dacă ar fi avut la dispoziție toate cele necesare, ei tot nu și-ar fi găsit propriul scop.

Dacă intri în relație cu un astfel de bărbat, el va simți nevoia de căldură destul de des. Va simți nevoia să-și plângă mereu soarta.

Dacă ești suficient de răbdătoare, îl poți ajuta să treacă peste multe hopuri, deoarece energia ta feminină va fi ca un balsam pentru el.

Mare atenție! Nu îl poți ajuta cu nimic pentru a-și găsi drumul care-l va conduce spre bărbatul din el însuși. Acest drum este unul interior pe care va trebui să pășească singur. Este o călătorie pe care trebuie să o înceapă din proprie voință.

Indiferent că ești tu prezentă sau nu în viața lui.

Lumea îi va testa mereu limitele, iar slăbiciunile lui vor
ieși la iveală și vor fi transmise și relației voastre.

Indiferent dacă ești singură sau alături de un partener nepotrivit, undeva, în adâncul inimii tale tu știi că există în această lume bărbatul care te va face să te abandonezi în fața iubirii.

Deși nu auzi prea des de prezența unor astfel de bărbați, tu încă nu ți-ai pierdut speranța.

Dacă ești singură, speri ca el, idealul masculin, să fie prezent în bărbatul care iese cu tine la următoarea întâlnire.

Vei încerca să vezi în el toate calitățile pe care le dorești prezente într-un bărbat.

Vei proiecta asupra lui toate gândurile și credințele că el va fi cel care-ți va aduce cu adevărat armonia interioară, iar, cu fiecare bărbat care te dezamăgește, tu începi să te închizi puțin câte puțin în fața lumii și în fața iubirii. Începi să devii suspicioasă și să nu mai crezi în tăria brațelor unui bărbat. Începi să nu mai crezi în sinceritatea lui, indiferent cine ar fi acesta.

Este normal să simți asta, deoarece încrederea se câștigă greu și se pierde foarte repede. Încrederea este ca un fir de ață atât de subțire, încât uneori nici nu se vede și treci peste el din lipsă de atenție. Iar firul cedează sub greutatea apăsării.

Orice încercare de a-l reface este sortită eșecului.

Așa începi să privești tu bărbații dacă nu ai cunoscut niciunul care să te merite.

Dacă ești deja într-o relație, dar nu ești fericită, încerci din răsputeri să schimbi bărbatul de lângă tine. Te agăți de orice motiv pentru a-i sublinia defectele și lipsa lui de atenție asupra ta.

Îi reproșezi faptul că nu poate fi mai profund, mai artistic. Îl apostrofezi că nu-ți înțelege dorințele care te definesc pe tine, ca femeie.

El nu se va schimba decât dacă își dorește acest lucru, iar până nu va lua o decizie clară că are nevoie să devină mai conștient, tu doar îți vei pierde energia încercând să schimbi un afon într-un bărbat cu un simț muzical perfect.

Și cu fiecare încercare de a schimba bărbatul de lângă tine și cu fiecare nereușită, tu te închizi și mai mult în fața iubirii și în fața lumii.

Pentru a te redeschide către infinitul din tine, către zâmbetul tău interior, ai nevoie de o transformare profundă. Ai nevoie de cineva care te va vedea așa cum ești tu cu adevărat. O femeie și o ființă dornică de-a experimenta starea de plenitudine.

Ai nevoie de cineva care să te facă să plângi de fericire.

Ai nevoie de acel bărbat care ți-ar da curajul de a trece și deșertul pe jos alături de el. Chiar dacă ai fi conștientă de pericolele la care te supui. Încrederea ta în el va fi de nezdruncinat, iar toate ideile legate de nereușită nu vor fi altceva decât un zgomot de fond pe care-l vei auzi tot mai slab.

Atunci vei putea fi împlinită cu adevărat și numai atunci vei avea curajul să renunți la controlul fiecărui pas pe care îl faci. Vei

şti că, oriunde te vei duce, inima ta va pulsa plină
de iubire alături de bărbatul pe care l-ai așteptat atâta timp.

Bărbatul care a reușit să vadă cu adevărat femeia din tine...dincolo de ruj si dincolo de farduri.

Un bărbat care te-a văzut deja perfectă!

CAPITOLUL II

Sunt o femeie frumoasă și am jucat mereu toate cărțile pe acest dar pe care mi l-a oferit natura. Am crezut că pentru o femeie aspectul exterior este totul. Din acest motiv nu am găsit decât relații pasagere lipsite de profunzime și înțelegere. Nu vreau să spun că este numai vina bărbaților. Acum realizez că am pus prea mult preț pe această latură exterioară, pe armonia fizică. Bărbații m-au privit mereu ca pe un trofeu. De ce frumusețea mi-a adus numai suferință?

Uneori se întâmplă să te îndrăgostești de un bărbat dacă acesta este iscusit la vorbe, căci sufletul tău feminin apreciază foarte mult complimentele.

Prin aceste complimente tu, ca femeie, îți înțelegi esența, îți înțelegi rostul. Frumusețea ta are nevoie să fie apreciată chiar dacă aici intervine pentru câteva momente și orgoliul. Suntem oameni și simțim nevoia de certificări.

Prin aceste confirmări ne raportăm la ceilalți și la rolul nostru în societate. Aflăm unde ne situăm în comparație cu ceilalți.

Uneori se întâmplă ca o femeie ce primește douăzeci de complimente zilnic să înceapă să-și dorească mai multe de la viață...

Își dorește să primească mai mult decât oferă și se naște în ea impresia că întreaga lume îi este datoare cu ceva.

Draga mea cititoare,

Nu vreau să mă înțelegi greșit. Este normal să avem standarde ridicate, dar, dacă orgoliul intervine prea mult, nu vom mai putea face diferența între capricii și merite.

Frumusețea unei femei trebuie să răspândească în jur frumusețe, nu pretenții.

Trebuie să facă lumea mai bună, deoarece frumusețea este ca o melodie armonioasă. Și melodia, la fel ca și frumusețea, sunt opere de artă, iar arta trebuie să echilibreze lumea și să formeze o punte de legătură între artist și sufletele celor din jur.

În acest caz artistul ești tu, femeia.

Dacă vei avea curiozitatea să vizitezi locuri sălbatice, ascunse privirii celor mulți, vei observa că și acolo cresc flori nefiresc de frumoase și de parfumate.

Ar fi trebuit ca acele flori să nu existe din cauza faptului că nu este nimeni acolo să le admire frumusețea?

Natura ne arată mereu care este calea noastră, dar de multe ori nu avem timp să privim cu atenție toate semnele pe care ea ni le trasează în fața ochilor și nu numai...!

Dacă frumusețea ta este orgolioasă și vrea să subjuge prin forța ei, atunci vei întâlni bărbați la fel de orgolioși care vor face pariu cu propriul sine că te vor putea cuceri.

Astfel, relația voastră se va transforma într-un joc de dominare. Un astfel de bărbat te va împăna cu ajutorul complimentelor, deoarece, instinctiv, el va ști că este singura hrană de care tu ai nevoie.

El nu va fi nevoit să se adreseze și altor laturi și aspecte ale ființei tale, deoarece nu ceri asta. După ce te va cuceri, și aici mă refer sexual, bărbatul își va pierde interesul în ceea ce te privește.

Nu este doar vina lui. Comportamentul tău a trezit în el instinctul de vânător și va face tot posibilul să te cucerească. Pentru el nu vei fi decât un munte pe care este nerăbdător să-l escaladeze.

În scurt timp vei ocupa rolul de victimă în această relație pe care tu o visai a fi ideală.

Îl vei suna, iar el va deveni deodată tot mai ocupat cu orice și cu oricine în afară de tine.

El, cel care nu mai contenea cu vorbele dulci și complimentele în care te scăldai zilnic cu atât de mare plăcere.

Învață să-ți iubești întreaga ființă, nu doar reflexia din oglindă, așa cum a făcut Narcis care s-a admirat atât de mult în apele atât de limpezi ale unui lac până a căzut în el și s-a înecat.

Pentru a păstra un bărbat de care ești interesată, trebuie să stabilești o punte de legătură cu cât mai multe aspecte ale vieții lui.

Dacă-ți exprimi în mod tendențios doar aspectul fizic și aștepți ca el să-ți recunoască și alte merite, vei avea o relație puțin mai lungă decât timpul pe care-l va pierde el ca bărbat să formuleze câteva zeci de complimente la adresa aspectului tău exterior.

Dacă îți dorești de la un bărbat doar o relație strict fizică, aceasta este modalitatea cea mai ușoară de-a o avea.

CAPITOLUL III

Cred că trăiesc lângă un partener nepotrivit. Simt o neîmplinire care mă apasă tot mai mult. Mă autosugestionez mereu că toate femeile trăiesc în astfel de relații. Probabil că acest gând îmi îndulcește puțin frământarea interioară.

Nici nu pun capăt relației de frica singurătății și nici nu vreau să recunosc că sunt atâția alți bărbați care ar fi mai potriviți pentru mine. Nu vreau să-l înșel, căci sunt sigură că a fost corect față de mine până acum.

Nu există o a treia soluție în afară de terminarea relației sau găsirea în același timp a unui alt bărbat care să-mi completeze dorințele neîmplinite?

Cu siguranță ai auzit spunându-se despre femei că sunt mai cicălitoare, mai nervoase și că se irită mai ușor decât bărbații.

Adevărul este că femeile și-au dorit mereu să fie înțelese și din acest motiv au devenit mai nervoase. Relaxarea poate fi trăită doar alături de un bărbat care le poate înțelege.

Cu cât ești mai inteligentă, mai educată și mai sofisticată, cu atât îți va fi mai greu să găsești un partener alături de care te poți deschide cu adevărat. Lângă un bărbat nepotrivit, cu atât mai dificil îți va fi să crești. Dacă el nu știe să comunice cu tine la nivel profund, atunci tu vei cunoaște angoasa și anxietatea.

Vei trăi alături de un partener nepotrivit într-o comuniune relațională, știind că nimic excepțional nu ți se va întâmpla vreodată. Te vei bucura că măcar ai pe cineva, iar uneori, pentru a-ți îndulci concepțiile despre iubire, te vei compara cu prietenele tale care sunt singure.

Îți va fi teamă să te compari cu femeile care par fericite în exterior. În sinea ta gândești că trec și ele prin aceleași experiențe de viață ca și tine, iar așa zisa lor împlinire nu este decât fățărnicie.

Nu vei avea curajul să admiți că pot exista și bărbați rafinați care au calitatea de a citi sentimentele unei femei și sursa acestora.

Acest gând te va ține pe loc și te va face să rămâi într-o relație călduță. Nu vei avea curajul să renunți la aceasta pentru a căuta o alta cu adevărat fierbinte. Mai exact, o relație care te va pune față în față cu propria ta capacitate de a iubi.

O relație mediocră și călduță se va transforma în scurt timp în rutină. O să începi să-ți dai seama de acțiunile partenerului cu mult timp înainte ca acestea să aibă loc.

Manifestările voastre vor fi atât de previzibile, încât ați putea să scrieți dimineața pe o foaie de hârtie tot ce urmează să întreprindă partenerul vostru în întreaga zi. Nu după multă vreme, veți fi capabili amândoi să descrieți în cele mai mici detalii toate aceste acțiuni. Veți rămâne surprinși să aflați că eroarea voastră în cele descrise va fi din ce în ce mai mică.

Pentru a îndulci această rutină, tu, ca femeie, vei găsi mereu tot felul de scuze pentru a nu sta prea mult în preajma lui, iar el va începe să vină tot mai târziu acasă și să inventeze tot felul de pretexte pentru a-ți ocoli privirea iscoditoare și pentru a evita să-ți dea explicații.

Dacă se întâmplă ca între timp un alt bărbat să comunice cu tine la nivel afectiv mult mai bine decât o poate face partenerul tău, te vei simți vinovată. Vei considera că este de datoria ta să refuzi orice cale de comunicare cu un alt bărbat.

Te vei gândi din nou că nu există bărbați care pot înțelege femeile și vei ține cu dinții de relația ta care, deși mediocră, măcar te protejează de singurătate.

Și iar îți va trece prin minte că ar trebui să fii fericită, atâta timp cât există multe alte femei care dorm singure, neavând

cine să le spună *„Noapte bună!"*.

Devii dependentă de nefericire și de neîmplinire, căci nu vei avea curajul să pui capăt unei relații care nu te-a făcut niciodată să vibrezi.

Această dependență te va face mai nervoasă, mai cicăli- toare și mai introvertită pe zi ce trece.

Aceste stări vor lăsa urme adânci pe chipul și în sufletul tău.

Alegerea îți aparține în totalitate.

CAPITOLUL IV

Uneori, am impresia că nu voi putea stabili o relație de lungă durată cu un bărbat. Cei care insistă să mă cunoască nu-mi plac, iar cei pe care-i plac se îndepărtează de mine și nu știu de ce. Probabil că îi gonesc în vreun fel și nu-mi dau seama de asta.

Este posibil să-mi lipsească mie ceva? De fiecare dată mi se întâmplă identic. Parcă aș alege mereu biletul necâștigător. Ai putea să-mi spui ceva legat de acest aspect?

Atunci când un bărbat care nu-ți place insistă să vă cunoașteți, te simți deranjată, mai ales dacă este un gen de bărbat care nu știe când să piardă. Sunt bărbați care nu înțeleg că seducția este un joc pe care trebuie să știi să-l controlezi. Experiența își spune întotdeauna cuvântul în astfel de momente.

Dacă, dimpotrivă, se întâmplă să placi un astfel de bărbat, atunci tu vei începe să-l testezi.

Începi să devii tot mai interesată de persoana lui pe măsură ce-ți răspunde la întrebări într-un mod inteligent, pe măsură ce te provoacă la discuții prin cuvinte și prin schimbul de priviri.

Bărbații spontani și cu simțul umorului sunt mai bine pregătiți din punct de vedere social, căci, în lipsa unui canal de comunicare, este destul de greu să afli mai multe unul despre celălalt.

Testarea ta va îmbrăca diverse forme. Îi vei refuza primele propuneri venite din partea lui de-a vă mai vedea, dar, în același timp, în acel refuz vei strecura și o notă de aprobare. Dacă el este atent, va înțelege că nu a pierdut lupta cu feminitatea ta.

Dacă este un bărbat sigur de sexualitatea lui și are ceva experiență în arta seducției, tu vei simți asta instinctiv.

Dacă nu are încredere în propria lui persoană, nu va avea nici curajul necesar de a te aborda și de a intra în vorba cu tine.

Dacă-ți place bărbatul care încearcă să te cucerească, este și datoria ta să-i dai de înțeles că-l placi, altfel el se va închide și nu va mai face niciun pas. Va pleca jenat și puțin lezat în amorul propriu.

Un bărbat pregătit să aibă o relație trebuie să înțeleagă faptul că este o datorie a femeii față de propriul ei suflet de a menține la început scutul ridicat.

O femeie este mult mai sensibilă decât bărbatul și nu poate risca deloc să se abandoneze în brațele unuia care nu-i merită dragostea.

Așa cum sunt bărbați siguri de sexualitatea lor, la fel sunt și femei foarte sigure de propriul erotism. Datorită mișcărilor de eliberare socială a femeii, în ultimul timp întâlnești tot mai multe femei de acest gen, iar acest fapt nu are cum să fie decât un lucru bun.

O femeie sigură și stăpână pe sine și pe feminitatea ei are mai multe șanse de-a aprecia lumea la adevărata ei valoare. Are de asemenea mai multe șanse de a face alegeri potrivite în viață și de a-și găsi un partener bun, care să o ajute să-și dezvolte propriile calități. Cu toate astea, îi va lua ceva timp până ce-l va găsi, deoarece bărbații, în general, nu au curajul de a aborda femeile puternice.

Ei se mulțumesc să aleagă femei care sunt ceva mai inhibate decât ei în ceea ce privește capacitatea de a face față cu brio oricăror situații de viață.

Pentru bărbat este foarte important să găsească o legătură cât mai strânsă cu luptătorul din el, cu puterea cuceritoare din el.

Această forță din el, care-l ajută să pășească demn peste toate obstacolele și peste toate fricile, este aceeași forță cu cea care îl face să dorească în viața lui prezența unei energii feminine care să-l echilibreze.

Nu uita: vei atrage mereu în viața ta un bărbat care te poate completa. Pentru unul superior ție din punct de vedere energetic nu ești încă pregătită, iar de unul care-ți este inferior nu ai nevoie.

Dacă dorești să atragi un alt tip de prezență masculină nu ai decât să-ți modifici sistemul de valori la care te raportezi în prezent.

Dacă visezi mai multă profunzime în relațiile cu bărbații nu trebuie decât să acorzi mai multă atenție lucrurilor, fenomenelor și bărbaților care urăsc superficialitatea.

CAPITOLUL V

Multă lume vorbeşte despre suflet şi despre importanţa lui. Eu nu spun că nu este aşa. Dar fizicul nu are un rol important? Sunt o femeie dinamică, fac mult sport, încerc să păstrez o dietă echilibrată şi îmi place să atrag priviri. Ador să arăt bine. Crezi că este ceva it în asta?

De cele mai multe ori ești conștientă că trebuie să arăți cât mai bine, deoarece corpul tău este interfața între sufletul tău și oamenii din jur.

Fără să vrei, prima dată, ești analizată în funcție de calitățile tale fizice, indiferent că accepți acest lucru sau nu.

Bărbații sunt fascinați de forma fizică a unei femei, pentru că energia lor devine extrovertită. Ei au nevoie de ceva palpabil, au nevoie de date concrete și empirice.

Ei nu sunt atât de subtili ca femeile.

Dacă ai o esență erotică puternică, vei oferi multă atenție corpului tău. Îl vei îngriji, îl vei supune la exerciții fizice pentru a atrage privirile celor din jur, îl vei parfuma și îl vei hrăni sănătos.

Asta nu este un lucru rău. Mai mult de atât, îl vei împodobi cu haine cât mai sexy care au menirea de a-i scoate în evidență calitățile și de a-i ascunde unele defecte de care tu nu ești mulțumită.

Atunci când arăți bine, te simți bine. Deși nu vrei să fii privită doar ca o frumoasă carcasă, de multe ori te hrănești din privirile bărbaților. Asta te face să te simți vie, te face să conștientizezi că în tine se află o putere, o armă teribilă în fața căreia bărbații capitulează.

În timp, îți vei dezvolta arta de-a alege hainele și culorile care te avantajează. Vei realiza că ideal este să reliefezi și să proiectezi în fața celorlalți un erotism fin, nu unul vulgar.

Vulgaritatea nu-ți va aduce niciun avantaj, în afară de acela în care vei atrage în jurul tău bărbați care nu au altă dorință, decât aceea de-a ajunge cât mai repede între coapsele tale. Am spus avantaj, deoarece sunt femei care se simt bine când sunt privite în acest mod.

Nu pot spune exact care este procentul femeilor care își doresc asta. Aici problema este gri. Este situată undeva între alb și negru, deoarece acest procent este foarte dinamic, fiind foarte mult influențat de vârstă.

Sexualitatea este privită diferit de femeile de vârste diferite. Cu cât o femeie înaintează în vârstă, cu atât ea devine mai selectivă în ceea ce privește bărbații și calitățile lor. Dar acesta este un subiect care va fi tratat separat.

Unele femei consideră că este mai important să fie independente financiar, iar pentru asta muncesc pe rupte. Din această cauză este posibil să nu le mai rămână prea mult timp pentru sport şi pentru o hrană foarte sănătoasă.

Astfel de femei sunt puternice, căci nu vor să depindă de nimeni şi de nimic. Îşi trasează singure destinul, dar în timp capătă o feminitate rece şi dură, pe care puţini bărbaţi sunt dispuşi să încerce s-o descifreze.

Extremele nu sunt bune, iar cel mai greu în viaţă este să ne găsim echilibrul.

Frumuseţea este că putem face orice în această viaţă, dar paradoxul este că nu le putem face pe toate în acelaşi timp.

Trebuie să învăţăm să ne alegem o cale ce ne poate mulţumi la nivelul propriei noastre individualităţi.

Să nu credeţi că alegerile care împlinesc o femeie pot face fericită orice altă femeie. Nicidecum!

Dacă ne stabilim bine priorităţile, ne putem atinge mult mai repede scopul pentru care am pornit la drum.

Un lucru este sigur: dacă vrei ca un bărbat să asculte tot ce ai de spus, îi vei atrage mult mai repede atenţia cu un fizic armonios şi cu o privire seducătoare.

CAPITOLUL VI

Am senzaţia uneori că mă rog de iubitul meu să-mi spună că mă iubeşte. Simt că o face, dar parcă şi o confirmare verbală din când în când nu ar strica. Imi place să fiu în centrul atenţiei lui, iar câteodată îi reproşez asta, dar se pare că nu este încântat prea tare de acest aspect. De ce nu o poate face într-un mod natural?

Uneori ești nemulțumită din cauza faptului că partenerul tău nu îți spune că te iubește atât de des pe cât ți-ai dori să o facă.

În general, bărbații folosesc acest cuvânt atunci când sunt copleșiți de impulsul sexual. Atunci când te doresc. Sub *„povara"* acestei atracții, el îți va spune că te iubește.

La nivelul tău profund, simți că ceva nu este în regulă cu acest aspect, căci după ce bărbatul își satisface dorința erotică, el brusc pierde comuniunea cu tine la nivel afectiv.

Din punctul lui de vedere, dacă vrei să-ți mai spună o dată cât de mult te iubește, ar trebui să aștepți ceva timp, până devine dominat și controlat din nou de impulsul biologic sexual.

Nu este un mister că și unele femei procedează la fel. Ele spun partenerului că-l iubesc numai atunci când fac dragoste cu el. Diferența este că plăcerea trăită de o femeie în timpul actului amoros are o calitate mult spiritualizată față de cea trăită de bărbat.

Dacă sunt cu un amant priceput în arta atingerilor, femeile se detașează de conștiința corpului. Bucuria îmbrățișării este trăită de ele la un alt nivel.

Femeia va spune că-și iubește partenerul numai dacă acesta va reuși să realizeze o punte de legătură între el și inima femeii. Pentru asta are nevoie de profunzime.

Trebuie să înțelegem că iubirea nu înseamnă sex, dar sexul poate fi transformat în iubire dacă el este modificat și sublimat la un nivel superior celui biologic.

Dacă privim la regnul animal care este condus de același impuls sexual, singura formă de iubire cunoscută de acest regn este cea dintre mame și puii lor pe care-i protejează până la sacrificiul suprem, adică moartea, dacă aceștia sunt în pericol.

Se spune că sunt și animale monogame, dar în aceste cazuri nu cred că este vorba de iubire, ci este ceva în codul lor genetic care programează astfel de specii să se comporte ca atare.

Dacă relația noastră este pur biologică, dacă este bazată doar pe impuls sexual, într-un timp scurt ne vom plictisi și vom căuta diversitate. Vom căuta alt partener, căci de la cel actual nu am primit decât o parte din ființa lui.

O parte de care ne-am saturat, iar noi avem nevoie de experiențe complexe pentru evoluția noastră. Avem nevoie de iubiți care să ne împlinească pe cât mai multe niveluri: biologic, afectiv, social și spiritual.

Unii recurg la adulter pentru a trece peste această barieră. Dacă noul partener îi împlinește pe mai multe planuri, atunci ei renunță la partenerul inițial.

Dacă noul iubit nu poate oferi decât tot împlinire strict sexuală, atunci unii aleg să rămână cu ambii parteneri, preferând să alterneze trăirile simțite când cu unul când cu celălalt.

Ei vor rămâne blocați la același nivel energetic, căci tot nu vor putea să-și dezvolte și celelalte calități pe care le pot desăvârși numai alături de un partener potrivit.

Din acest motiv s-a împământenit ideea că femeia ideală sau bărbatul ideal nu există, iar, dacă îl întâlnim, acesta va avea
calitatea de a fi ideal doar pentru o perioadă scurtă de timp.

Orice femeie, indiferent cât își iubește și respectă partenerul, are uneori fantezii mentale legate de alt partener.

De bărbați ce să mai spunem? Este de ajuns să treacă prin fața lor o tânără frumoasă îmbrăcată într-o fustă mai scurtă, iar mintea bărbaților deja începe să lucreze în trei schimburi.

Ca femeie poți avea fantezii ascunse cu un actor sau un cântăreț pe care nu-l vei vedea niciodată. Dacă nu mă credeți, fiți atente la reacția celorlalte femei la cinema la un film, atunci când pe ecran apare un bărbat sexy.

În definitiv, nu contează obiectul fanteziei noastre. Dorința ia deja naștere în mintea noastră.

De aici putem trage o singură concluzie: noi cu toții suntem ființe sexuale, căci fantezia este legată mereu de atingere și de erotism. Chiar dacă noi nu vrem asta, se pare că natura așa vrea.

Tot ce putem face noi este să învățăm să înnobilăm cât mai mult acest impuls sexual care ne ajută în definitiv să ne alegem partenerul potrivit.

Și mai putem face un lucru important: să învățăm să ne controlăm aceste impulsuri erotice. Să devenim mai raționali în loc să devenim mai biologici.

Femeile pot face asta cu o mai mare ușurință decât bărbații.

Știți la ce mă refer!

Există și o vorbă veche bătrânească: se spune că bărbatul gândește cu organul sexual.

Voi mai trata acest aspect și în alte capitole.

CAPITOLUL VII

Chestia asta cu bărbatul ideal pare că este o utopie. Nu cred să existe așa ceva. Tu crezi că în realitate se poate vorbi despre un astfel de partener sau toate astea sunt doar teorii menite să ne îndulcească speranța că ne vom găsi perechea potrivită?

Știți ce căutați atunci când vorbiți despre relații? Voi căutați acel bărbat care poate fi de neînlocuit.

Acel bărbat care să vă ofere siguranță emoțională, socială și, de ce nu, financiară.

Acel bărbat care să vă fie alături atunci când sunteți fericite, să râdă împreună cu voi.

Să vă înțeleagă atunci când sunteți triste și, mai mult decât atât, să-și dea seama de sursa nefericirii voastre, fără să fie nevoit să vă întrebe ceva pentru a se lămuri.

Căutați acel gen de bărbat care să vă fascineze și care să vă umple zilele cu prezența lui. Iar când ajungeți la muncă, atunci când unele colege de birou încep să-și bârfească soții sau iubiții cât sunt ei de neajutorați fără ele, voi să nu aveți nimic de reproșat în legătură cu partenerul vostru.

Căutați acel bărbat care să vă împlinească, astfel încât să nu mai fie nevoie să vă doriți ceva în plus. Așa cum erau descriși în povești bătrânii înțelepți care aveau la dispoziție un inel care le-ar fi putut îndeplini orice dorință. Paradoxul era că, știind că pot avea totul, în ei nu se mai năștea nicio dorință.

Bărbatul ideal pentru voi ar trebui să fie asemănător acelui inel care, deși ar putea face orice pentru voi, nu veți mai avea nevoie de nimic, căci dintr-o dată aveți totul.

Energia masculină a unui bărbat vă va echilibra în măsura în care veți fi destul de receptive și de pregătite pentru aceasta.

Ce vreau să spun este că uneori veți întâlni același gen de bărbat de care nu aveți nevoie, deoarece voi atrageți același nivel energetic pe care-l emiteți.

Dacă veți avea curiozitatea, veți observa că întreaga natură merge pe aceleași reguli și aceleași legi. Lucrurile care au același tip de energie se atrag reciproc.

Nici arta nu se abate de la această regulă. Un dansator de excepție nu se va putea armoniza decât cu o dansatoare foarte bună. Altfel nu vor putea evolua nici unul, nici altul.

Dacă cel mai bun tenismen din lume ar fi obligat să se antreneze cu o persoană ca mine, care am jucat o singură dată tenis, știți care va fi rezultatul? El va începe să joace tot mai slab, pentru că nu va putea evolua.

Un instrumentist de talie mondială, care cântă jazz, nu va putea să fie acompaniat decât de alți instrumentiști de jazz care au o pregătire de înalt nivel muzical.

Poate sună cam dur concluzia la care vreau cu tot dinadinsul să ajung, dar ea nu este o concluzie crudă, ci este una reală: dacă vă doriți un bărbat ideal, îl veți atrage cu siguranță, dar pentru asta trebuie să fiți voi înseva femei ideale.

Faceți un exercițiu de imaginație: gândiți-vă la un bărbat care caută să se autoperfecționeze tot timpul: face sport în mod regulat, citește cel puțin două cărți în fiecare lună, studiază un instrument muzical pentru a intra în rezonanță cu arta si pentru a-și mări inteligența emoțională și, pe lângă toate astea, nu depinde de nimeni din punct de vedere financiar. El și-a construit propria afacere prin muncă și

printr-o mare disciplină interioară.

Pe de altă parte, gândiți-vă la o femeie care nu a citit o carte în afara celor impuse în timpul școlii, nu își face timp niciodată pentru mișcare fizică, nu pierde niciodată vreo emisiune TV de mondenități și se mulțumește să câștige un salariu minim la un loc de muncă unde se duce mereu fără pic de plăcere.

Am dat două exemple radicale, ca să înțelegeți ce vreau să subliniez. Gândiți-vă că aceste persoane vor încerca să intre într-o relație. Imaginați-vă prăpastia de comunicare, prăpastia emoțională, prăpastia culturală și cea spirituală dintre cei doi. Ar putea să fie doar o legătură de afectivitate între ei care nu va fi niciodată suficient de puternică pentru a susține cele două lumi foarte diferite ale lor.

Acum, puneți-vă două întrebări:

Prima întrebare: dacă femeia prezentată mai sus ar întâlni într-o zi un bărbat care-și trăiește viața într-un mod asemănător cu al ei, îl va considera ca fiind un bărbat ideal sau îi va găsi repede multe defecte?

A doua întrebare: ce tip de femeie l-ar putea ajuta să evolueze pe bărbatul mai sus descris?

CAPITOLUL VIII

Soțul meu mă tot asigură, din păcate doar din vorbe, că va mișca și munții pentru mine. In realitate el vine plictisit de la muncă în fiecare zi și rămâne pironit în fața televizorului până înainte de culcare. Știu că poate face mai mult de atât, dar nu-mi dau seama cum l-aș putea ajuta.

Vei observa că, uneori, bărbatul pe care-l iubești îți promite că se va apuca de un lucru atât de măreț încât, cu siguranță, vei rămâne surprinsă de cât de departe va putea el să ajungă.

Indiferent dacă prin acest lucru se va referi că va începe să scrie o carte excepțională, să pornească o afacere foarte profitabilă sau că va găsi o soluție care să vă ajute pe amândoi să faceți un pas mare spre o nouă treaptă socială și financiară.

La început îl vei crede și-ți vei promite că vei face tot posibilul să-l sprijini, chiar dacă planul lui nu este pe gustul tău.

Numai că promisiunile lui vor lua o întorsătură ciudată: el va începe să tergiverseze tot mai mult începerea proiectului și va amâna punerea lui în practică din ce în ce mai des.

Tu îți vei pierde încet încrederea în puterea lui de acțiune și vei începe să-i reproșezi că-ți oferă doar vorbe goale.

El va începe să povestească în stânga și-n dreapta că ar fi în stare să reinventeze roata, dar nu are lângă el o femeie care să-l înțeleagă și să-l sprijine.

Îi va fi foarte greu să recunoască faptul că tu ai crezut în visele lui, dar a vorbit atât de mult despre ele, încât pentru tine nu mai reprezintă nimic toate acestea

Vor trece orele, zilele, săptămânile și lunile, iar bărbatul de lângă tine nu va face nici cel mai mic pas pentru a-și schimba viața într-una mai bună.

În adâncul ființei noastre, toți vrem să ne simțim iubiți și de neînlocuit. Pentru un bărbat, succesul lui personal este mult mai important decât felul în care arată. Prin succesul lui, el își exprimă față de lumea din jur puterea interioară.

Tu, ca femeie, atunci când iubești un bărbat, începi să crezi în potențialul lui și în sămânța din el care va înflori cândva. Încă nu știți nici unul, nici celălalt, metoda prin care această sămânță va da roade.

Cu cât își va amâna mai mult propria cale spre succes, cu atât mai neîmplinit va fi. Iar neîmplinirile lui nu vor aduce decât dizarmonie în viața voastră de cuplu.

Obligația de a face primii pași spre idealul din propriul suflet nu-i aparține decât lui. Tu ar trebui să încerci să-l sprijini, căci indiferent cât de puternic se consideră un bărbat, forța lui este explozivă, este extrovertită și are un neajuns: nu este constantă, nu este disciplinată.

Tu, în schimb, ai o energie mai lină, dar consecventă. O astfel de energie feminină își dovedește puterea în timp. Ea capătă valoare pe termen lung.

Așa cum apa știe să pătrundă prin cele mai dure roci ale muntelui și le sculptează așa cum dorește.

Pentru o relație armonioasă voi ar trebui să învățați să combinați în mod optim cele două puteri ale voastre.

În momentul în care bărbatul care-ți este alături se simte înflăcărat de visul său, tu ar trebui să-i subliniezi și mai mult toate avantajele pe care le-ați avea dacă visul lui ar deveni realitate.

Cu sprijinul tău, temelia planului său va începe să prindă contur.

Cu fiecare reproș pe care i-l vei scoate în evidență, bărbatul se va închide față de tine, față de lume și față de visul lui.

Cu cât îl vei sprijini mai mult, cu atât el se va simți iubit, iar energia iubirii este suficient de mare, încât el să înceapă să-ți demonstreze că nu ai greșit când ai ales să-l iubești pe el.

Spune-i că indiferent de rezultat tu vei fi alături de el, căci îl iubești. Asta da declarație. Asemenea vorbe au puterea de a mobiliza forța creativă a bărbatului.

Dacă îl vei jigni în mod constant, orgoliul lui masculin îl va face să renunțe la drumul către propria lui inimă.

Încearcă să nu faci asta!

CAPITOLUL IX

Crezi că ai putea încerca să defineşti iubirea? Eu am simţit uneori că iubesc, dar după ce-mi trecea starea aceea, începeam să mă îndoiesc dacă a fost cu adevărat iubire.
 Mă simt confuză. Mă poţi ajuta, te rog?

Dacă ar fi să încercăm să definim iubirea, am da greș începând de la prima literă. Ea este o stare care se află dincolo de reguli, dincolo de legi, dincolo de averi și dincolo de timp.

Iubirea a fost cântată și s-a încercat o descriere a puterii ei din cele mai vechi timpuri. Marii artiști, care au trăit în urmă cu sute de ani, au încercat s-o îmbrace în diverse forme, în diverse culori și în diverse sunete, prin nuanțe cât mai subtile sau prin versuri.

Fără niciun rezultat concret, palpabil. Nu înseamnă că acei oameni nu au simțit-o din moment ce au petrecut atâta timp încercând să ne-o exprime și nouă așa cum au putut mai bine...!

Nici artiștii din ziua de azi nu au avut un real succes încercând să ne-o descrie.

Este ca și când eu aș încerca să vă explic prin cuvinte ce simte un om beat. Oricât de mult m-aș chinui, starea lui de conștiință nu aveți cum s-o înțelegeți decât printr-un singur mod.

Ați ghicit, nu?

Trebuie să puneți sticla la gură și să beți. După ceva timp veți înțelege exact acea stare mult mai bine decât dacă ați citi zeci de volume în care este descrisă beția.

Paradoxul este că, după ce vă va trece starea de ebrietate, nu vă mai puteți induce la voință beția.

Când ești beat, nu ești treaz și viceversa. Ați văzut cât de ciudat pare când ajungeți în toiul unei petreceri, când toată lumea este bine dispusă și deja *„încinsă"* de aburii alcoolului?

Voi, dacă nu ați băut nimic, vă potriviți acolo ca nuca în perete.

Dar dacă îndrăzniți să ciocniți câteva pahare în cinstea frumosului eveniment la care ați fost invitați, atunci lucrurile se așază de la sine. Numai așa puteți intra cu ușurință în atmosferă. Începeți să vă simțiți liberi de constrângeri și de inhibiții.

Nu mai puteți să analizați petrecerea *„la rece"*, așa cum ați făcut-o în primele minute în care ați ajuns la eveniment.

Starea de conștiință vi s-a modificat. Sunteți aceeași persoană, dar felul de a privi lucrurile s-a schimbat simțitor.

Cu iubirea este la fel. Trebuie să trăiești cu ea. Trebuie să plonjezi în ea.

Altfel totul se rezumă la o argumentație și la un eseu filosofic care nu vă poate încânta cu absolut nimic.

Toți avem nevoie de iubire. Chiar dacă bărbații sunt mai reci și neagă acest lucru, iubirea ne transformă. Ne face mai buni. Ne face mai atenți. Ne face liberi. Ne face mai împăcați cu noi și cu cei din jur.

Până și animăluțele de companie își schimbă starea față de voi atunci când se simt iubite. Devin prietenoase și dornice de mângâieri.

Pentru femei ar fi inutil să mai spun că iubirea este însăși esența propriei lor existențe.

Iubirea este un elixir care ne face mai puternici. Ne ajută să vedem adevărul din spatele tuturor cifrelor și literelor.

Iubirea ne anulează egoul, ne estompează mândria și ne topește snobismul.

Iubirea nu înseamnă gelozie. Nu înseamnă neîncredere. Nu înseamnă invidie și nici ranchiună.

Spuneam într-unul din articolele mele că iubirea este ca o pasăre de o frumusețe rară care ni se așază pe umăr atunci când merităm asta.

Mă întrebați dacă toți oamenii au simțit iubirea? Răspunsul este un NU asumat din toate punctele de vedere.

Oamenii dornici de putere, de control și de manipulare nu pot simți în conștiință iubirea.

Cei care nu simt empatie față de sentimentele celor din jur nu pot înțelege iubirea.

Oamenii hulpavi și perverși nu-i pot descifra misterul.

Oamenii care nu respectă alegerile celorlalți nu pot simți **iubirea.**

Oamenii posesivi nu pot ajunge la ea.

În astfel de oameni nu se regăsește solul fertil din care poate răsări sămânța iubirii.

Cu toate astea, toți stăm cu mâna întinsă după iubire. Toți suntem dornici să o cunoaștem.

Este expresia și filosofia ultimă a ființei umane. Când vom ajunge toți să simțim iubirea cu fiecare particulă din noi, atunci totul se va transforma în jurul nostru.

Nu vor mai exista războaie, nu va mai exista foamete, nu vor mai exista vise neîmplinite.

Nu vor mai exista lacrimi pe Pământ. Acum sunt prea multe, iar o parte din ele nici măcar nu sunt sincere...!

Despre voi, femeile, ce aș putea spune?

Atunci când vă simțiți iubite cu adevărat, nu vă mai interesează nici vârsta, nici greutatea, nici culoarea fardului. Nu vă mai pasă nici dacă hainele voastre sunt bine asortate atunci când ieșiți din casă.

Când vă simțiți iubite, inima voastră revarsă doar lumină în jur. Frumusețea voastră devine o splendoare, dincolo de orice descriere a celui mai profund poet. Zâmbetul vostru se transformă într-un tablou perfect, pe care nu-l poate reda cu nicio pensulă nici cel mai mare pictor din această lume.

Da, iubirea poate face toate astea pentru voi. În acele momente veți înțelege cât noroc ați avut în această existență că v-ați născut femei.

În momentul în care iubiți, nimeni și nimic nu vă poate convinge că acea stare nu este iubire.

Așa cum nimeni nu vă poate convinge că în timp ce dormeați ați uitat să respirați

CAPITOLUL X

De ce le este atât de greu bărbaților să fie prezenți în totalitate alături de noi măcar câteva minute pe zi? Când spun prezenți, mă refer la partea emoțională, căci fizic sunt deja prezenți. Eu înțeleg că ei se manifestă diferit față de noi femeile în iubire, dar uneori se comportă de parcă ar iubi din obligație. Și în momentele de intimitate parcă ei sunt mereu „pe fugă". Asta este natura lor și nu avem de ales decât să-i acceptăm așa cum sunt?

Vei observa uneori că, atunci când ești cu iubitul și împărțiți cele mai intime clipe, el nu este prezent în mijlocul emoțiilor tale.

Parcă nu-i pasă de tine. El se prezintă ca un musafir atunci când face dragoste cu tine. În mod normal ar trebui să fie o gazdă. Așa cum ești și tu. Voi ar trebui să fuzionați, să vă mișcați la unison! Ca un angrenaj excepțional.

Fiecare tremur al corpului tău, fiecare expirație și inspirație ar trebui să-l facă pe el atent la ceea ce-ți dorești cu adevărat.

În momentul în care el va participa și va fi prezent în ritmul corpului tău, atunci vă veți armoniza și inimile.

Iubitul tău ar trebui să renunțe la egoismul de-a vâna propria plăcere ajutându-se de corpul tău. Cu cât va face asta mai des, cu atât te va îndepărta de el, căci la nivel subliminal tu te vei simți folosită.

Dacă el va fi atent la toate semnalele corpului tău, se va putea apropia cu adevărat de tine. Atunci te vei deschide și tu pentru a primi întreaga iubire care se revarsă către tine prin intermediul bărbatului care a învățat să te prețuiască la adevărata valoare.

Tu, ca femeie, te poți abandona cu ușurință în iubire. Și chiar îți dorești acest lucru. În acele momente starea ta de conștiință se dilată și nu mai ești focusată asupra niciunui gând. Trăiești plenar abandonul care se transformă în ființa ta într-un adevărat extaz.

Pe de altă parte, bărbatul nu se poate abandona ușor, deoarece el nu știe să-și piardă conștiința în iubire.

Sunt puțini bărbați care pot simți extazul întregului corp așa cum îl simți tu, ca femeie. Asta se întâmplă pentru că energia bărbatului, fiind explozivă, nu știe cum să circule prin tot corpul, așa cum o face energia ta feminină.

Dacă bărbatul ar învăța să iubească relaxat, atunci nu ar mai simți plăcerea doar la nivelul organelor sexuale.

Cu cât bărbatul este mai încordat, cu atât va pierde șansa de a-și demonstra lui însuși, dar și ție că este un amant atent și iubitor.

Datorită faptului că femeile circulă propria energie în mod natural prin întregul corp, ele nu simt oboseala sau vlăguirea specifică pe care o trăiesc bărbații după ce fac dragoste.

Comunicarea emoțională este mai greu de stabilit pentru un bărbat. Paradoxal, asta este în primul rând ceea ce ai tu nevoie de la el.

Comunicarea și limbajul, la care apelează o femeie pentru a se face înțeleasă de persoanele din jur și de bărbatul iubit, nu se fac doar la nivel verbal.

Femeia transmite mult mai multe cu ajutorul limbajului corporal și cu ajutorul gesturilor.

Uneori, în secunda în care privește și își trece ușor mâna prin păr, ea transmite mult mai multe informații decât ar putea un bărbat să transmită atunci când stă de vorbă cu un
prieten două ore la câteva beri.

Comunicarea femeii cu mediul exterior se face intuitiv, iar, ca să poți să înțelegi ce a vrut să spună, ai nevoie tot de intuiție. De aceea, femeile au parcă un cod al lor, un limbaj care-i scoate din sărite pe bărbați din frustrarea lor de a nu-l înțelege.

Dacă vreți să vedeți practic ce vreau să spun, încercați într-o zi să jucați mimă cu două grupuri: unul format exclusiv din bărbați și al doilea grup exclusiv din femei.

Va fi extrem de amuzant să vedeți ce exprimare greoaie non verbală au bărbații atunci când au de ghicit un cuvânt și câtă ușurință au în exprimare femeile.

Eu nu spun că femeile sunt superioare bărbaților. Spun doar că natura le-a înzestrat cu daruri diferite față de bărbați.

Important este să găsim o armonie între noi, bărbații, și voi, femeile, în această așa numită *„bătălie a sexelor"*.

Ea devine o bătălie doar atunci când încercăm să ne dominăm partenerul. Dacă renunțăm la această idee, bătălia devine o binecuvântare.

CAPITOLUL XI

Bărbaţilor nu le pasă de preludiu? Noi, femeile, avem nevoie de el. Nu ne putem „aprinde" la comandă. Cum am putea să trăim extazul când ei se grăbesc atât de mult şi sunt atât de egoişti? Imi cer scuze pentru această întrebare cam delicată, dar curiozitatea asta mă nelinişteşte.

Uneori, când faceți dragoste, iubitul tău este atât de grăbit în goana lui de a-și oferi plăcere cu ajutorul corpului tău, încât, până să realizezi că ești în mijlocul unei partide de amor, el deja se întoarce cu spatele la tine și adoarme.

Nu apuci nici să-ți dai seama dacă ai pierdut sau ai câștigat ceva. Rămâi doar confuză.

În general, pentru mulți bărbați, preludiul este un cuvânt a cărui semnificație nu le trezește niciun fel de curiozitate.

Dacă ar înțelege că pentru femei sexualitatea nu este un fenomen local, ci unul care se extinde la nivelul întregului corp, atunci poate ar da mai multă importanță și atenție actului amoros.

Întregul corp al femeii poate deveni orgasmatic dacă ea se află în compania unui bărbat care știe să-i ofere acest dar.

Din punct de vedere sufletesc și spiritual, orgasmul are o mare importanță pentru o femeie.

Numai în acele momente ea poate intui într-un mod spontan nemărginirea. Numai în astfel de clipe femeia poate uita de ea...!

Numai în astfel de momente femeia poate uita de faptul că a doua zi la birou are de terminat zeci de rapoarte inutile.

Numai în astfel de clipe o femeie poate uita de obligațiile pe care le are față de normele impuse de societate.

Numai în astfel de momente o femeie poate să uite dacă a depășit sau nu limita maximă de calorii pe care ar trebui s-o respecte în cura aceea dificilă, ținând cont de programul ei prelungit de muncă.

Numai în acele momente femeia poate să uite de faptul că uneori simte că nu mai are energie suficientă pentru a mulțumi pe toată lumea.

Numai în acele clipe o femeie poate să uite că are mare nevoie din când în când să plece undeva departe, singură, doar pentru a-și înțelege sufletul.

Orgasmul are o mare importanță pentru femeie și din punct de vedere energetic. Este un punct terminus. Este un punct zero în care ea se întoarce la sursa primordială. Din acel izvor ea se va încărca de energia vieții și va putea păși mai departe...!

Femeile care nu au trăit în mod plenar starea de orgasm sunt mai tensionate și nu au prea mare încredere în ele. Pentru aceste femei, starea de extaz este ca cel mai înalt vârf de munte care a fost neexplorat. Au auzit de el, dar nu l-au văzut prin experiență directă.

Ele știu că odată ce-l vor vedea, orice alt munte va păli prin comparație cu el.

Ele realizează intuitiv că nicio altă experiență trăită în această lume nu le va împlini la un nivel atât de profund.

Extazul trăit de o femeie în timpul orgasmului este un vid beatific care o pune în contact cu originea ei feminină. Este o stare greu de definit în cuvinte.

Corpul unei femei cunoaște o mult mai mare sensibilitate față de cel al bărbatului. De aceea ea are nevoie de preludiu.

Numai așa se pot trezi toți centrii erogeni ai femeii. Și nu sunt deloc puțini...!

O femeie are multă iubire de oferit.

Spre deosebire de bărbat, femeia se hrănește cu energia erotică. Acesta energie o încarcă, o ajută să devină mai strălucitoare, mai zâmbitoare, mai plină de mister și de viață.

Din păcate, mulți bărbați fug de responsabilități. Din acest motiv sunt atât de multe femei singure.

O vorbă veche spune că atunci când o femeie doarme singură, este vina tuturor bărbaților.

Multă înțelepciune este redată în această cugetare

CAPITOLUL XII

Emoțiile sunt simțite numai de femei sau și bărbații cunosc aceste trăiri? Putem avea suficientă încredere în emoții și în ceea ce ne transmit ele? Sau ar trebui să le ignorăm și să mergem mai departe de acestea?

Trebuie să înțelegi că emoțiile pe care le simți sunt barometrul stării tale de fericire.

Tu, ca femeie, ai la dispoziție o gamă și o plajă mult mai bogată de emoții decât au bărbații.

În principiu, numărul și tipurile de emoții sunt aceleași numai că bărbații nu percep o parte din ele, căci ele sunt legate de stările sufletești, iar acestea sunt mult îmbogățite în cazul unei femei.

Dacă vei fi atentă la toate aceste emoții, ele îți vor transmite întotdeauna pe ce treaptă de evoluție ești, raportat la propria ta împlinire.

Sunt femei care stau într-o relație care nu le oferă nimic bun, dar rămân, deși mâhnite, în acea relație dintr-un confort social sau „*de gura*" celor din jur.

Ce vor zice cunoscuții? Dar părinții ce vor spune dacă ea va alege să trăiască în lipsa unui bărbat care nu o poate ajuta să evolueze?

Teama de oprobriul și disprețul celor din jur pot face o astfel de femeie să rămână blocată într-o bulă de neîncredere, în ceea ce privește capacitatea ei de a alege corect sau nu.

Pe de-o parte simte că este neîmplinită, dar pe de altă parte se va gândi cu groază la reacțiile celor din jur. Din nefericire, mulți dintre noi avem impresia că celor din jur le

pasă cu adevărat de propria noastră fericire.

Nimic mai fals! Indiferent de alegerile noastre, soarele va răsări în continuare. Vântul își va continua neobosit adierea. Oamenii vor găsi mereu câte un subiect de bârfă.

Nesiguranța aceasta, amestecată și cu o rușine față de propriile simțuri, îți creează un sentiment de vină puternic de care îți va fi foarte greu să scapi. Nici prietenelor tale nu le poți povesti cu adevărat despre ceea ce simți.

Toate astea stagnează în tine sub formă de energie negativă, pervertită, care în timp se va localiza la nivelul diferitelor organe interne și care te poate îmbolnăvi.

De fapt, asta este și definiția *stresului!* Iar în epoca noastră, așa zisă modernă, stresul face ravagii mai mult decât bolile și viciile provocate de alcool sau tutun.

Draga mea cititoare, trebuie să înțelegi că emoțiile în starea lor naturală nu te mint. Ele conțin adevărul tău.

Imaginează-ți că pleci într-o zi la o plimbare cu încă trei

prietene. În timp ce vă bucurați de soarele cald de primăvară, trece pe lângă voi un bărbat care te privește în ochi și parcă-ți trezește ceva. Nu știi nici tu ce anume. Un freamăt amestecat cu o dorință fizică, erotică. Ți-ar plăcea să-l cunoști, căci ți se pare un bărbat foarte interesant.

Privirea și atitudinea lui te-au făcut să-ți pierzi rațiunea pentru o clipă.

Gândește-te că le spui prietenelor ce ai simțit față de acel străin, după ce acesta va trece mai departe. Ele te pot lua în râs și-ți pot spune că pentru ele era un bărbat banal și nu și-ar pierde nici măcar o secundă din viață pentru a se gândi la el

Te întreb acum: ceea ce ai simțit tu, acea emoție care te-a dominat în acel moment a fost corectă?

Nu știu dacă a fost corectă, dar a fost reală. Ar trebui să-ți cunosc viața personală, ca să-mi dau cu părerea dacă a fost și corectă. Emoțiile nu țin cont de regulile sociale. Pentru ele nu este relevant faptul că ești măritată sau că ești singură, ori că ai un iubit pe care nu-l mai dorești.

În schimb, realitatea emoției nu poate fi negată, deoarece ai simțit-o chiar dacă nu o poți descrie cu exactitate. La fel ca aerul de care te bucuri în fiecare secundă, dar pe care nu-l poți explica.

Prietenele tale nu au decât să se emoționeze la oricare alt bărbat. Acum a fost rândul tău s-o faci. Ție ți-a plăcut acesta.

Probabil că ai fi avut ceva de învățat de la el sau te-ar fi putut completa pe un anumit plan al ființei tale.

Adevărul tău nu trebuie să fie adevărul tuturor celor din jur. Schimburile energetice între oameni sunt o formă de comunicare. Mai subtilă decât limbajul clasic, este adevărat.

Rolul tău este să încerci să trăiești înconjurată de emoții pozitive. Să te înconjuri de oameni care contribuie la fericirea ta, nu cu cei care ți-o știrbesc doar pentru a profita pe termen scurt de faptul că nu poți spune „*nu*" atunci când toată ființa îți cere să faci acest lucru.

CAPITOLUL XIII

De ce nu pot să-mi dau seama dacă un bărbat are sau nu calitățile care-mi vor oferi o relație frumoasă? Totul a devenit atât de superficial, încât am început să nici nu mai cred în iubire. Sinceră să fiu, nu mai cred că bărbații pot să iubească. Chiar aș fi încântată dacă m-ai putea contrazice.

Una dintre cele mai profunde şi mai ascunse dorinţe ale tale este aceea de fi iubită de un bărbat care ştie să ajungă în cele mai adânci unghere ale sufletului tău.

Poate că acum eşti într-o relaţie, dar este posibil ca tu să nu fi cunoscut încă bărbatul care să-ţi dea lumea peste cap. Bărbatul care-ţi poate citi gândurile, dar nu într-un mod paranormal, ci datorită faptului că este foarte atent la fiecare gest al tău. Ştii bine că tu, ca femeie, spui foarte multe prin cele mai neînsemnate gesturi.

Ai visat mereu la bărbatul care ar putea să rămână într-o conexiune continuă cu tine şi cu energia din inima ta. Această nevoie impetuoasă de legătură permanentă cu bărbatul din viaţa ta este dată de natura ta feminină. De faptul că tu ai nevoie în permanenţă de confirmarea prezenţei iubirii.

Această energie a iubirii pe tine te face să realizezi că ai un scop în această viaţă. Te transformă şi te ajută să te relaxezi. Dacă te simţi iubită, tu înfloreşti ca un boboc de floare căruia i se asigură dintr-o dată toate condiţiile prielnice vieţii: apă, lumină şi căldură.

Aşa ai nevoie şi tu de un bărbat care să te pună în legătură cu lumina din inima ta.

Aşa cum tu ai nevoie mereu de confirmarea prezenţei iubirii în viaţa ta, aşa au nevoie şi bărbaţii de confirmări.

Dar acestea sunt diferite faţă de cele ale femeilor. Bărbaţii au nevoie să li se aplaude forţa interioară şi realizările.

Natura lor este mai orgolioasă şi mai individualistă.

Ei au nevoie de mângâieri şi de încurajări. Pentru a primi aceste aplauze ei recurg uneori la încercarea de a cuceri o altă femeie pentru a-şi confirma propria masculinitate.

Au nevoie de laude din partea şefului şi din partea lumii.

Bărbaţii nu ştiu uneori dacă merg pe un drum bun. Oricât ar munci de mult şi indiferent cât de corecţi ar fi faţă de scopul pe care vor să-l atingă.

Se spune că în spatele oricărui bărbat de succes stă o femeie care a ştiut să-l îndrume spre acest succes.

Asta este puterea voastră, a femeilor! Iscusinţa de a modela energia explozivă a unui bărbat pentru a-l conduce către adevărul din el însuşi.

Dacă un bărbat este puternic şi vrea să realizeze singur un lucru măreţ, are nevoie de o intuiţie dezvoltată, altfel îşi va pierde puterea învârtindu-se în cerc.

Sunt puțini bărbați care au intuiția dezvoltată. În general artiștii au acest noroc și ei creează opere de artă care schimbă lumea cu adevărat.

Dar, și în aceste cazuri, istoria a demonstrat că în spatele lor au fost niște femei care *„i-au hrănit"* cu frumusețe, cu tandrețe și cu sfaturi pline de înțelepciune feminină.

Aceste femei făceau parte oficial din viața lor sau trăiau relații discrete pentru a evita scandalurile care se puteau naște cu ușurință în anumite împrejurări.

Indiferent că erau soții sau amante, cert este că femeile de lângă ei și-au lăsat o amprentă puternică în viața marilor oameni de afaceri, artiști sau mari războinici.

Dacă bărbații au nevoie de confirmări care îmbracă o formă individualistă prin aplauze și laude, femeile au nevoie de confirmări care să le asigure că sunt conectate cu iubirea din ele.

Femeile au nevoie ca bărbatul din viața lor să fie atât de prezent lângă ele, încât la nivel psihologic să nu mai existe niciun fel de separație între cei doi.

Practic, foarte puțini bărbați pot menține această conexiune energetică cu voi, femeile, în permanență.

Ori gândul la o altă femeie, ori gândul la serialul preferat, ori dorința lui egotică de a-și satisface doar propriile plăceri duc la pierderea conexiunii emoționale între voi.

În acele momente vă simțiți trădate și inima voastră se închide. Încă o dată încrederea într-un bărbat este pierdută și asta vă duce cu ușurință la gândul că nu există bărbați care pot iubi cu adevărat o femeie, dar... Să nu ne pripim!

Sunt și bărbați care te pot încânta cu prezența lor, numai că pe aceștia nu-i puteți distinge din mulțime, deoarece societatea și școala nu v-au învățat ce calități trebuie să urmăriți la un bărbat.

Mass-media are un mare rol în această educație greșită. De multe ori sunt prezentați ca bărbați excepționali oameni care nu au nicio calitate masculină (curaj, demnitate, spirit de sacrificiu etc.) așa cum uneori sunt prezentați ca mari artiști oameni care nu sunt în contact deloc cu energia iubirii, ori asta este prima calitate a unui artist.

Impunerea modelelor masculine și feminine se face în funcție de interesul comercial și.atât.

Iar noi, ceilalți, orbecăim prin întuneric pentru a ajunge la fel de mari ca umbrele care ne sunt prezentate.

Ăsta este unul din motivele pentru care voi, femeile, nu mai știți să faceți diferența între bărbați și băieței.

Și acesta nu este singurul motiv..!

CAPITOLUL XIV

Cred că am greșit față de iubitul meu, încercând să-l transform în ceea ce nu era. Sunt sigură că acest lucru ne-a afectat relația, căci ne-am despărțit. Era un bărbat atent și iubitor. Acum regret că am procedat astfel. Cum aș fi putut să-l iubesc fără să încerc să-l schimb? Cred că sunt o fire posesivă și nu este prima dată când pierd un bărbat cauza acestui defect al meu.

Să presupunem că într-o bună zi vei întâlni un bărbat care iese din tipare. Un bărbat care-și cunoaște scopul fără să fie nevoie să-i repete cineva ce are de făcut.

Vei ajunge să iubești destul de repede un astfel de bărbat, deoarece îi vei simți forța interioară și disciplina.

Nu contează care este drumul și scopul pe care și le-a ales. Poate este un sportiv de performanță. Poate este un violinist de excepție sau un scriitor care are darul de a da viață cuvintelor.

Poate este un dansator incredibil sau poate are calitatea de a construi vapoare în interiorul unei sticle, având răbdarea să asambleze cu penseta, bucată cu bucată, fiecare părticică din somptuoasa ambarcațiune.

Nu are importanță alegerea lui! Cert este că muncește foarte mult pentru a ieși din mediocritate, iar această pasiune este pentru el ca o stare binecuvântată de meditație.

Tu-i admiri sincer toată această personalitate. Apreciezi faptul că lumea, așa ispititoare cum este, nu a reușit să-l facă să renunțe la drumul lui. Asta înseamnă că este un bărbat în care poți avea încredere. Este bărbatul pe care te poți baza și știi că, dacă el va face o promisiune, și-o va respecta.

Cu cât avansați în relație și deveniți mai profunzi unul față de altul, se va întâmpla o chestiune interesantă. Instinctul tău de conservare, nevoia ta de atenție și nevoia ta de confirmare a iubirii vor începe să se interpună între el și scopul lui profund.

Vei face asta fără să conștientizezi faptul că pe el îl vei îndepărta de sursa masculinității lui și, în timp, nu vei mai simți atracție față de el.

Era o reclamă cu o tipă care s-a îndrăgostit de un rocker. El era numai păr. Avea un păr creț și lung până la umeri. Ea, dorind o schimbare și încercând să-și impună o amprentă personală în relație, l-a trimis să-și tundă claia aia de păr.

Când l-a văzut cu părul scurt, i-a spus:

„-Îmi pare rău, dar nu mai ești bărbatul de care m-am îndrăgostit.".

Era super amuzantă reclama și nu mai știu exact dacă se referea la o anumită marcă de bere sau de șampon.

Cert este că regizorul a ascuns un adevăr profund în acel clip publicitar.

Dar să revenim la bărbatul din cazul nostru. El va începe să se teamă de faptul că te va pierde dacă te iubește cu adevărat.

Toate semnalele tale și anumite capricii tipic feminine îl vor face să înțeleagă faptul că tu ești nemulțumită de puținul timp pe care-l petrece alături de tine.

Dacă înainte să te cunoască pe tine studia vioara cinci ore pe zi, acum timpul aferent studiului se va reduce simțitor la patru, la trei sau la două ore pe zi. În timp, va începe să treacă și câte o zi întreagă fără a se mai dedica propriului scop.

Toate aceste lucruri îl vor coborî din nou în mediocritate de unde a plecat. Îi va dispărea forța interioară, iar disciplina nu va mai fi un punct forte al lui.

La nivel subliminal, văzând că nu-și mai respectă programul stabilit, tu vei începe să-ți pierzi încrederea în el.

Relația voastră va avea de suferit, iar el își va pierde scopul.

Trebuie să înțelegi că peste un astfel de bărbat nu dai mereu. Este posibil ca în această viață să nu ai șansa de a cunoaște un bărbat cu o astfel de putere interioară.

Dacă ne uităm în jur, vedem că majoritatea bărbaților își iubesc sticla de bere și fotoliul din fața televizorului. Toate astea fiind în detrimentul propriului scop.

Trebuie să realizezi că o oră petrecută în preajma unui bărbat conștient de calea pe care o are de parcurs, înseamnă mai mult decât o zi petrecută alături de un bărbat care schimbă bateria telecomenzii televizorului o dată la săptămână.

Dacă vei avea șansa de a cunoaște un bărbat complet, respectă-i disciplina și admiră-i forța interioară. Iubește-l pentru ceea ce este și te va iubi și el la fel de mult.

El, în niciun caz, nu-ți va cere să încetezi să te machiezi sau să-ți asortezi hăinuțele într-un mod cât mai armonios.

El îți va adora feminitatea. Ar trebui ca și tu să-i apreciezi masculinitatea și să-i oferi libertatea de a încerca să și-o dezvolte cât mai mult

CAPITOLUL XV

Sunt momente în care-mi simt iubitul absent chiar și atunci când facem dragoste. Parcă este cu mintea în altă parte și nu este deloc atent la ce îmi doresc și eu. Chestia asta mă face să sufăr și încep să mă gândesc serios la faptul că nu mă mai iubește. Este posibil să fie asta sau toți bărbații se comportă în general la fel?

Uneori, când faci dragoste cu iubitul tău, simți că el nu este prezent total alături de tine. Deși ești sigură că te iubește, energia sa masculină este foarte ușor influențabilă de stimulii exteriori.

Deși corpul lui te strânge în brațe, mintea lui poate să fie focusată pe meciul de fotbal care va începe peste 20 de minute. Dacă a mai și pariat pe echipa lui favorită, atunci posibilitatea ca el să fie în conexiune totală cu tine scade dramatic.

Vei simți când el este distras, deoarece corpul lui va fi încordat și va fi nerăbdător să termine cât mai repede partida de amor. Indiferent care dintre voi a fost inițiatorul acesteia.

Poate tu l-ai stimulat pentru a-ți primi confirmarea de iubire din inima lui sau poate el și-a dorit să facă dragoste cu tine pentru a se elibera de tensiune.

Deși amândoi vă doriți ca scopul final al acestei întâlniri intime să fie același, totuși drumul până acolo îl veți aborda diferit.

Că vă doriți să vă topiți în extaz, asta este clar pentru ambii parteneri.

Numai că bărbatul va dori acest extaz doar ca o încununare a propriei plăceri egoiste. O explozie de scurtă durată care îl va elibera de energie.

Femeia va dori să trăiască acest extaz pentru a se contopi cu iubirea din inima ei. Din acest motiv spun că orgasmul pentru femeie are o latură spirituală. Așa se va cunoaște ea mai bine. Așa va începe să-și cunoască propria esență feminină.

Tu vei observa cu ușurință dacă partenerul tău nu este prezent cu toată ființa alături de tine. Îl vei simți dacă respirația lui va fi superficială sau dacă va respira prin tine, plin de bucuria prezenței tale în brațele lui.

Cu cât va fi mai scindat, mai împărțit între tine și alte lucruri care-i distrag atenția, cu atât actul vostru amoros va fi mai lipsit de armonie.

Va deveni ceva mecanic. Când vei observa toate aceste lucruri, este posibil să începi să te prefaci că te simți foarte bine.

Încearcă să nu faci asta! În loc de această mimare, deschide-te și mai mult față de iubirea lui. Magnetizează-l cu esența ta feminină.

Unduirile senzuale și lascive ale trupului tău și gemetele pline de plăcere îl vor fascina atât de mult, încât conștiința lui va deveni focusată încet- încet doar asupra iubirii voastre.

Trebuie să ai încredere în el și să-l seduci cu puterea feminității tale. Ea are o forță de atracție pentru bărbat mult mai mare decât orice meci sau alte gânduri care îl pot distrage în acele momente.

Iar în clipa în care el va abandona toate celelalte distrageri și va veni cu toată ființa în tine, abia atunci veți putea începe să transformați sexualitatea în iubire.

Vei observa că femeile care au relații împlinite, care trăiesc acest extaz cât mai des au o atitudine și o siguranță în mișcări demne de invidiat.

Și privirea lor este altfel. Sunt mult mai interiorizate și mult mai profunde în tot ceea ce fac. Ele au o intuiție mult mai dezvoltată și înțeleg lucrurile și fenomenele pornind de la natura lor, nu pornind de la părerea altora.

Astfel de femei sunt originale în tot ceea ce fac, iar această originalitate le face să devină fascinante pentru cei din jur. Oamenii vor „*roi*" în jurul lor într-un mod inconștient de multe ori.

Le vor simți împlinirea și magnetismul. De parcă ele însele ar deține un secret pe care nu vor să-l împărtășească.

Ce femeie nu ar vrea să cunoască acest secret?

CAPITOLUL XVI

Se spune că bărbații se pot implica într-o relație sexuală doar la nivel fizic. Crezi că este posibil un astfel de comportament și în cazul unei femei?

Trebuie să înțelegi că unii bărbați preferă să aibă relații sexuale cu femei pentru care nu simt nimic din punct de vedere afectiv. Astfel de bărbați nu sunt pregătiți să iubească, iar aceste relații le oferă un confort, căci ei nu se simt obligați cu nimic. Ei nu pot privi femeile decât ca pe niște jucării erotice.

În general, aceștia sunt genul de bărbați care sunt și lipsiți de discreție. O aventură cu un bărbat de acest gen te expune destul de ușor riscului bârfelor celor din jur, iar asta nu este tocmai plăcut, mai ales pentru o femeie. Iar oamenii, din lipsa lor de ocupație, abia așteaptă să catalogheze pe cineva cât mai repede.

Pentru majoritatea femeilor este greu de conceput cum cineva poate să facă sex fără să se implice și sentimental.

A nu se înțelege că nu există și în rândul unor femei un astfel de comportament!

În general, bărbații descriși mai sus pot acționa în acest mod, mai ales dacă au avut o relație de câțiva ani în care nu au fost împliniți amoros și au adunat în ei frustrări de natură erotică.

Dacă un bărbat este înșelat de femeia pe care o iubește, sunt șanse mari ca el să devină misogin. Dincolo de acest comportament, orgoliul masculin rănit se vindecă foarte greu și, în general, prin răzbunare față de alte femei care nu au nicio vină. El va avea o plăcere meschină dacă va observa că femeile vor începe să sufere din cauza lui.

Așa își poate regăsi el stima de sine.

Era și o glumă pe această temă, a bărbaților care numără femeile cucerite:

„El si ea în pat. După ce s-a consumat actul sexual, ea întinde mâna pe noptieră după o țigară, iar el se ridică repede din pat si se duce la birou unde se află un caiet. Deschide caietul si se pregătește să noteze ceva cu pixul. Femeia, plină de indignare îi spune:

-Nu ți-e rușine? Drept ce fel de femeie mă iei? Te-ai dus să-mi notezi numele înr-un caiet?

-Nu dragă, veni răspunsul sec al bărbatului. Am vrut doar să ți-l șterg.".

Să revenim la discuția noastră inițială:

Femeile acționează diferit atunci când se simt înșelate. Nu este un comportament firesc pentru o femeie să înceapă să se culce cu orice bărbat îi iese în cale pe motivul că a fost trădată.

O perioadă, inima ei se închide, iar fluxul de iubire din sufletul ei se blochează.

Are nevoie de un bun psiholog sau de un bărbat foarte inteligent care va şti să pătrundă în sufletul ei pentru a vindeca rănile produse de fostul partener. Cu cât femeia şi-a pus mai multe speranţe în acea relaţie, cu atât mai greu va trece peste asta.

Dezavantajul este că poate deveni uşor dependentă de psihologul sau de bărbatul care va încerca să o ajute să treacă

peste această suferinţă.

Deci comportamentul unei femei este diferit de cel al bărbatului atunci când aceştia sunt trădaţi.

Femeile pot înşela, din răzbunare, într-un alt tip de situaţie. Să presupunem că o femeie liberă doreşte în continuare un bărbat care a avut o aventură cu ea. Din anumite motive independente de acest exemplu, bărbatul nu o mai doreşte şi nu-i mai împărtăşeşte dorinţele şi fanteziile. În acest caz, ea poate fi tentată să se culce cu cel mai bun prieten al lui, dar nu că îl doreşte pe acesta, ci doar pentru a-l face atent pe cel pe care-l doreşte.

Este un fel de manifest. Este o răzbunare cu un caracter punitiv, căci vrea ca bărbatul dorit să sufere aşa cum suferă şi ea.

Comportamentul sexual libertin al unei femei înşelate este net inferior în comparaţie cu cel al unui bărbat.

În concluzie, dacă-ţi doreşti o relaţie de lungă durată cu un bărbat care nu te priveşte decât strict sexual, este cazul să pui capăt cât mai repede acestei legături. Altfel, în timp, vei ajunge să te simţi jignită şi folosită, iar acest tip de emoţie te va dezechilibra energetic şi-ţi vei pierde încrederea în tine.

Dacă îţi doreşti doar aventuri cu un astfel de bărbat, vei avea o relaţie aproape echilibrată căci niciunul din voi nu va aduce în această legătură mai mult decât o implicare fizică. De ce spun *„aproape echilibrată"*? Pentru că şi în acest mod, tu, ca femeie, vei începe să capeţi un ataşament emoţional, dar nu neapărat faţă de bărbatul respectiv, ci faţă de trăirile pe care le ai atunci când te vezi cu el.

Mai ales dacă el este un amant experimentat.

CAPITOLUL XVII

Crezi că un bărbat se poate dezvolta alături de o femeie sau el rămâne mereu așa cum ea l-a cunoscut de prima dată? Poți transforma un bărbat mediocru într-unul excepțional dacă el nu-și dorește acest lucru?

Dacă-ți dorești o relație de iubire cu un bărbat, trebuie să încerci să nu te mulțumești cu o mediocritate emoțională pe care ți-o poate oferi un iubit ce nu este în stare să te înțeleagă.

Dacă un bărbat nu este capabil să danseze în același ritm cu emoțiile tale, dacă nu este în stare să-ți răscolească sufletul cu privirea, să știi că nu este vina ta.

Dacă el își va conștientiza nevoia de dezvoltare, foarte bine. Dacă nu, evită să fii profesoara lui.

Caută pe cineva care să se ridice la nivelul tău, căci altfel nu vei mai progresa nici tu. Vei încerca ani de zile să-l faci să înțeleagă anumite lucruri evidente pentru tine și care pe el nici măcar nu-l vor interesa.

Fiecare va progresa atunci când va fi suficient de bine pregătit și când a depus îndeajuns de mult efort pentru asta. Altfel, nu se poate! Natura nu crede în jumătăți de măsură. Natura nu crede în mediocritate.

În regnul animal, indivizii care nu sunt suficienți de puternici devin cu ușurință vânați de prădători. Asta se întâmplă instinctiv. Sunt legi nescrise care nu sunt încălcate niciodată. Noi, oamenii, scriem mii de legi și nu respectăm niciuna.

Sunt mulți bărbați care ar trebui să înțeleagă foarte bine că vorba aia, atât de vehiculată, cum că toate femeile vor bani, nu este corect justificată și înțeleasă.

Femeile vor bani, cum și bărbații vor. Toți avem nevoie de bani. Este o realitate a vremurilor noastre. Dar capacitatea de a face bani se deprinde, așa cum se deprinde și capacitatea de a alerga zilnic câte opt kilometri.

Femeile care urmăresc DOAR banii bărbatului, că sunt și astfel de femei, nu sunt demne de atenția niciunui bărbat.

Realitatea este alta: în general, femeile care urmăresc averea unui bărbat acționează ca și prădătorii din regnul animal. Aceste femei vor reuși să manipuleze și să câștige banii celor care, în mare parte, au moștenit averea, fără ca ei să contribuie cu nimic la propria bunăstare. Astfel de bărbați sunt manipulați nu numai de către femei, ci și de către viață.

Ei au impresia că sunt puternici, dar puterea lor este asemenea puterii unui iepuraș care fuge speriat în situația în care banii moșteniți nu-i pot rezolva problemele și conflictele interioare.

Este o extrem de mare diferență între un bărbat care a moștenit un milion de dolari și unul care a făcut un milion de dolari.

Este o la fel de mare diferență și între un bărbat care a făcut un milion de dolari prin înșelătorie și rănind oamenii din jur și unul care a făcut acești bani atingând excelența în afaceri sau în orice scop și-a propus.

Doamnelor, sunt bărbați de toate soiurile și de toate culorile. Pentru toate gusturile și pentru orice capacitate de înțelegere.

Un bărbat, care și-a dezvoltat inteligența financiară, și-a dezvoltat și alte laturi. Inclusiv disciplina și sacrificiul de sine.

Un astfel de bărbat va fi foarte echilibrat și interiorizat. Nu va putea fi manipulat de o femeie care este doar dornică de avere. Dacă va voi, îi va oferi el libertate financiară femeii pentru că-și dorește, nu pentru că a fost păcălit.

Este mult mai ușor pentru bărbații din ziua de azi să spună că toate femeile vor bani, în loc să încerce să-și dezvolte latura emoțională pentru a reuși să înțeleagă ce-și dorește o femeie.

Este mult mai ușor să bei patru doze de bere în timp ce stai cu ochii la televizor, decât să ieși să alergi sau să citești o carte.

Când a fost întrebat care este secretul succesului, actorul Will Smith a spus că două lucruri sunt foarte importante: cititul și joggingul.

Genial răspuns! Un fel de *„Mens sana in corpore sano"*. Dezvoltă-ți corpul și intelectul!

Unii bărbați nu vor să înțeleagă ce avantaj în comunicare îți poate oferi studiul. Am cunoscut bărbați care studiau tot ce le pica în mână.

E o adevărată plăcere o conversație cu astfel de oameni. Pentru orice domeniu, pe care îți dorești să-l abordezi, vei găsi un răspuns pertinent din partea lor. Dacă această comunicare m-a fascinat pe mine ca bărbat, sunt sigur că pentru o femeie are un efect hipnotic.

Nu am auzit din gura acestor bărbați formularea tipică cum că femeile vor doar bani.

Nu știu ce se întâmplă în alte părți, dar la noi în țară este o disproporție uriașă între procentul femeilor care mai deschid câte o carte și cel al bărbaților care fac așa ceva.

Pe lângă acest aspect al dorinței dezvoltării intelectuale, femeile mai au și capacitatea de a intui și mai dețin și un bagaj emoțional enorm.

Nu ne mai poate mira în aceste condiții de ce atât de multe

femei se plâng că partenerii lor nu le înțeleg, că sunt imaturi sau că nu știu să iubească.

Nu fac pledoarie în favoarea femeilor. Nici pe departe! Nu acesta este scopul acestei cărți. Eu prezint niște fapte așa cum rezidă ele din realitatea mea, din punctul meu de vedere.

Eu nu am pretenția să fie toată lumea de acord cu mine. Fiecare are dreptul să-și exprime la fel de bine punctul de vedere printr-o altă carte sau printr-o totală altă formă de exprimare a propriilor judecăți de valoare.

Sunt sigur că părerile mele de acum îmi vor părea puerile peste zece ani dacă le voi reciti. Deocamdată mi le asum în totalitate.

În concluzie, o femeie poate iubi un bărbat care nu este bogat, dar care deține calități ce-l fac ușor de iubit.

La fel de bine, o femeie poate să nu iubească un bărbat chiar dacă acesta îi va oferi în fiecare zi câte un lingou de aur de 24k.

CAPITOLUL XVIII

Relațiile dintre bărbați și femei se pot echilibra doar din punct de vedere sufletesc sau este nevoie și de alte valori pe care fiecare dintre cei doi parteneri le pot aduce sau nu, în respectiva relație?

Mulți oameni, din frica de a nu rămâne singuri, încearcă să-și facă partenerii de viață dependenți de iubirea lor și de relația pe care au construit-o împreună.

Ei încearcă să le creeze iubiților un atașament care le poate da impresia de siguranță.

Este o falsă impresie, căci, dacă un partener nu mai dorește să rămână alături de tine, nu ai ce să-i faci, ca să-l oprești.

Dacă partenerul nu este încă sigur de sentimentele lui față de tine, îl mai poți convinge să rămână. Însă, dacă el este hotărât să trăiască alte experiențe alături de alte femei respectiv alături de alți bărbați, nu-i poți pune piedică.

Ți-ar plăcea ca cineva să stea din milă alături de tine? Eu unul nu m-aș simți deloc confortabil dacă o femeie mi-ar spune asta.

Când un bărbat îți spune: *„-Am nevoie de tine!"* poate să fie o capcană pentru orgoliul tău, pe care el ți-o întinde în mod inconștient.

Dacă a avea nevoie de tine înseamnă că este dependent de trăirile pe care i le poți oferi, înseamnă că ești o femeie care are anumite calități și practic îți recunoaște valoarea ca amantă, ca iubită sau ca prietenă.

Asta te face să-ți simți utilitatea în acea relație. Te simți apreciată pentru ceea ce ești ca persoană, ca ființă. Este o certificare a faptului că poți oferi ceva de calitate unui partener pe care-l iubești.

Dacă-ți spune că are nevoie de tine în momentul în care simte că tu dai semne de retragere din acea relație, înseamnă că este dependent de tine. Înseamnă că nu s-a dezvoltat destul de mult, astfel încât să ai nevoie și tu de el la fel de mult.

Când ambii parteneri își oferă un schimb de valori relativ echilibrate, atunci relația este armonioasă.

Unii aduc într-o relație inteligență, alții frumusețe. Unii aduc putere financiară, iar alții înțelepciune. Unii vin cu un bagaj emoțional foarte bine dezvoltat așa cum sunt artiștii, iar alții vin cu un sex-appeal irezistibil.

Din păcate, mai sunt încă mulți bărbați și multe femei care au impresia că lumea din jur le datorează ceva.

Sau au impresia că partenerul le este dator cu ceva. Nimeni nu ne este dator cu nimic, decât cu atât cât suntem dispuși să oferim. Această datorie se plătește practic prin echilibru relațional.

O persoană rămâne alături de noi dacă are ceva de câştigat de la noi: emoţional, psihologic sau financiar. Punct.

Dacă suntem în stare să ridicăm vibraţia partenerului şi să-l facem să descopere ce persoană excepţională este, atunci sunt şanse să înceapă să ne iubească. Nu pentru ce suntem noi, ci pentru ceea ce devine el atunci când noi îl ţinem de mână.

Închipuiţi-vă o femeie frumoasă care are un corp extrem de sexy, câştigă un salariu de câteva mii de euro lunar şi este şi foarte inteligentă.

Gândiţi-vă ce bagaj aduce într-o relaţie. Gândiţi-vă ce sursă de atenţie din partea bărbaţilor devine această femeie şi ce sursă de invidie devine din partea unor femei care îşi fac un hobby din a-i analiza pe cei din jur.

Sunt mulţi bărbaţi care nu ar avea curajul să schimbe măcar câteva cuvinte cu ea. Nu mai vorbim de o relaţie.

Este puţin probabil că această femeie îşi va alege ca partener un bărbat cu opt clase care-şi câştigă existenţa spălând vase într-un restaurant.

Nu am nimic împotriva celor care spală vase, dar am vrut să subliniez că până să vorbim de o armonie sufletească, o relaţie înseamnă un parteneriat social.

Poate acel bărbat este un amant desăvârşit, ceea ce nu-i puţin lucru, căci multe femei sunt fascinate de plăcerea erotică.

Dar până să-şi arate calităţile de amant, un astfel de bărbat trebuie să obţină o întâlnire cu acea femeie. Iar un amant bun este un bărbat care are încredere deplină în el însuşi. Puţin probabil că o astfel de viaţă îi oferă satisfacţie personală bărbatului respectiv pentru a-şi creşte încrederea.

Până la urmă, asta este frumuseţea vieţii: puterea de a ne depăşi limitele. Puterea de a deveni mai buni azi decât am fost ieri. Sunt persoane care în zece ani nu progresează pe niciun plan şi sunt persoane care în doi-trei ani se reinven- tează.

Deci, într-o relaţie ne cresc şansele să fim iubiţi de partener, cu cât venim cu un bagaj al calităţilor mult mai mare şi mai diversificat.

Inteligenţa este una dintre cele mai importante calităţi şi pentru o femeie şi pentru un bărbat.

Frumuseţea este o calitate pentru o femeie şi, chiar dacă ea nu excelează prin alte valori, un bărbat poate s-o iubească, căci frumusețea partenerului ne ridică nivelul de vibrație a sufletului.

Un bărbat, în schimb, este cu atât mai dorit cu cât are mai multă forță interioară și cu cât înțelege mai bine subtilitățile vieții.

O femeie va fi cucerită mai ușor de un bărbat care nu are calități fizice remarcabile, dar care este inteligent, carismatic și știe să fie prezent într-o discuție, decât un altul care arată bine din punct de vedere fizic, dar este incapabil să comunice și să formeze o legătură emoțională cu o femeie.

Un bărbat care are doar bani și atât, nu va fi iubit de o femeie. Căci banii nu sunt o calitate, ci un mijloc de a procura cele necesare satisfacerii diverselor dorințe. Cu toate astea, sunt destule femei care vor rămâne lângă un bărbat care are doar bani și atât.

Instinctul de conservare al femeii este satisfăcut de o siguranță financiară, mai ales dacă ea își dorește și un copil. O femeie este capabilă de a renunța la propria fericire doar pentru a oferi copilului un viitor lipsit de griji.

Cu cât este dependent de mai puține lucruri, cu atât devine mai puternic un bărbat!

Englezii au un cuvânt: *„needy"* care înseamnă un om dependent de ceva, un om aflat în nevoie.

Un bărbat nu trebuie să fie dependent nici măcar de femeia pe care o iubește. Iubirea nu are nimic de-a face cu dependența. El trebuie să se simtă liber în propria conștiință.

Cu cât este mai dependent de partenera lui, cu atât mai previzibil va deveni bărbatul. Servitutea va duce la plictis, iar o femeie are nevoie să fie excitată emoțional cât mai mult.

Iubirea nu înseamnă răpirea libertății celuilalt partener. Iubirea înseamnă să-l facem conștient de propriile lui calități pe care nu le-ar fi descoperit dacă nu eram noi.

Înseamnă să-i trezim anumite părți ale sufletului care erau adormite, erau latente, iar alături de noi persoana iubită a început să prindă aripi.

Să devină mai bună decât era înainte

CAPITOLUL XIX

De ce bărbații nu pot fi statornici? O altă femeie este un motiv suficient pentru un bărbat, încât să uite până și de faptul că are un copil? Acea femeie este cu ceva mai bună sau este mai atrăgătoare doar pentru simplul fapt că este o alta, iar ei au nevoie de diversitate?

Uneori, vei putea trăi o experiență tare neplăcută: bărbatul pe care îl iubești și în care ți-ai pus toată încrederea, te va părăsi.

Aceasta este o experiență care lasă urme adânci în sufletul multor femei.

Modul tău de a privi lucrurile nu poate să înțeleagă logica masculină și nici de ce energia unui bărbat este atât de necizelată și dificil de controlat. Nu poți pricepe de ce un bărbat poate părăsi stabilitatea unui cămin conjugal după ani de zile pentru instabilitatea unei relații, cu totul nouă pentru el.

Lucrurile sunt puțin diferite între comportamentul femeilor și cel al bărbaților.

Pe de o parte tu, ca femeie, atunci când îți înteme- iezi o familie, începi să acorzi o importanță foarte mare siguranței căminului tău. Liniștea sufletească este prioritară în comparație cu planul de manifestare erotic.

Ca să nu mai vorbim și de sacrificiile pe care le-ai putea face pentru viitorul copilului tău.

Într-un fel, tu te folosești de natura ta sexuală pentru a câștiga siguranța unei relații, siguranța unui cămin, siguranța zilei de mâine.

Instinctul de conservare este atât de tare impregnat în codul tău genetic, încât poți renunța la orice de dragul stabilității. De exemplu, o femeie singură care are și un copil este pregătită de și mai multe sacrificii pentru viitorul și bunăstarea acestuia.

Dacă ești într-o relație de ceva timp și ai o familie care te împlinește din punct de vedere afectiv, îți va fi foarte greu să riști toate astea pentru câteva nopți de amor cu un alt bărbat, oricât de mult l-ai dori.

Nu înseamnă că erotismul nu există pentru tine. Înseamnă doar că ești capabilă să renunți și la dorințele sexuale pe care le poți avea cu un bărbat din afara căsniciei, căci frica de a pierde tot ceea ce ai deja te va opri să faci un pas greșit.

Conștiința ta este fixată în inimă. Și astfel ai capacitatea să controlezi dorințele generate de zonele inferioare ale corpului.

Un alt exemplu este cel al femeilor care, deși au o relație cu un bărbat care le jignește sau chiar le lovește, ele aleg să rămână în acel cuplu disfuncțional pentru siguranța copiilor.

Pe de altă parte, bărbații au conștiința fixată de cele mai multe ori în zona inferioară a corpului.

Ei gândesc sexual. Pentru ei, atracția pe care o pot simți față de o altă femeie îi poate face să-și piardă rațiunea.

Energia lor erotică este ca focul. Focul simte nevoia să ardă repede, iar apoi rămâne cenușă în jurul lui.

Câte căsnicii nu au fost distruse de infidelitatea bărbaților? Mult mai multe decât cele distruse de trădarea femeilor.

Dinamismul lor sexual este atât de agitat că uneori aleg să trăiască în promiscuitate. Este foarte greu pentru un bărbat să nu gândească sexual în momentul în care trece pe lângă o femeie frumoasă.

Femeile mai experimentate care știu acest lucru profită din plin de slăbiciunea sexuală a bărbaților.

Se spune din popor: „*curvele au noroc*". Este un adevăr în această zicală. Nu este un noroc, numai că femeile care știu să jongleze cu acest punct slab al bărbatului obțin de cele mai multe ori ceea ce vor.

Sexualitatea este „*călcâiul lui Ahile*" al bărbatului.

Numai cei care-și pot controla această energie și acest impuls sexual se pot numi cu adevărat bărbați.

În realitate acest impuls poate fi înnobilat, dar niciodată oprimat. Din acest motiv bărbatul care și-a găsit cu adevărat calea este un bărbat puternic.

Așa cum tu, ca femeie, îți concentrezi viața pentru obținerea stabilității, uneori în defavoarea sexualității, tot așa bărbații care și-au găsit cu adevărat drumul vor fi atât de absorbiți de muncă și de scopul lor, încât vor pune sexualitatea în plan secund.

Am vorbit despre ce înseamnă ca un bărbat să-și găsească propria menire în capitolul al XlV-lea.

Fiind controlați de acest impuls sexual, bărbații obișnuiți își pot părăsi uneori și femeia și copilul, doar pentru a găsi voluptate în brațele unei alte femei. Aceasta poate fi mai tânără și mai energică sau poate fi pur și simplu o altă femeie.

Ei nu pot realiza că, dacă au reușit să facă nefericită o femeie de aceeași vârstă cu a lor și care-i putea înțelege mult mai bine, vor avea șanse mici de a împlini o femeie mai tânără.

Este o iluzie și o goană după aceste plăceri. Uneori, învinși de energia femeii mai tinere, ei se întorc înapoi acasă dându-și seama că au făcut o greșeală.

În general, bărbații care devin bogați, după ce au fost o perioadă modești din punct de vedere financiar, sunt tentați să guste din fructul oferit de femei mai tinere. Unii ajung să creadă că sunt și iubiți de noile partenere, dar nu-și pun întrebarea unde erau acestea atunci când ei se zbăteau în neajunsuri?!

Este adevărat că o femeie frumoasă este o sursă de putere, dar numai pentru bărbații care știu să se descurce cu această putere. Pe mulți îi poate arde.

Sexualitatea nu este oferită omului de către natură doar pentru a-l ajuta să se înțeleagă mai bine pe el însuși, ci și pentru a-și da seama de alegerile pe care trebuie să le facă, în ceea ce privește partenerii care se apropie tot mai mult de propriul ideal. Sub nicio formă nu avem această sexualitate doar pentru a fi subjugați de către ea.

Unii bărbați au norocul să cunoască femei puternice care-i testează și care vor să scoată la suprafață calitățile pe care ei singuri nu și le-ar fi descoperit vreodată.

O femeie poate intui aceste calități la un bărbat și-l poate ajuta să crească. Au fost atâtea cazuri în care bărbații s-au ridicat tot mai sus datorită femeilor de lângă ei.

O femeie puternică va testa permanent un bărbat. Și când acesta va sta în chirie într-o garsonieră, dar și când va

avea iahturi de lux.

Pentru o femeie puternică nu contează absolut deloc că azi mergi cu mijlocul de transport în comun și mâine vei conduce o limuzină.

Pe ea o va interesa mereu să-ți recunoști propriul adevăr și propria cale. O va interesa doar să ai încredere deplină în tine. Numai atunci îți va putea oferi și ea deplină încredere.

Va dori să simtă că, indiferent de starea ei, tu nu-ți vei abandona propria cale.

O femeie puternică nu se va transforma într-o mămică iubitoare care să te laude pentru fiecare prostie pe care o faci, doar pentru a-ți crește încrederea în tine.

Băieții nu au ce căuta lângă astfel de femei. Tocmai din acest motiv, unii bărbați, nereușind să-și ridice standardele, aleg să plece în brațele unei alte femei care se mulțumește cu un bărbat incomplet.

Din păcate sunt și femei care, din frică de singurătate, aleg să-și împartă viața cu băieți care sunt încă dependenți de mângâierea mamei atunci când ceva le merge prost.

O femeie puternică nu se va înțelege niciodată cu mama unui bărbat, căci una va încerca să-i ridice mereu acestuia standardele și valoarea, iar cealaltă va fi întotdeauna atentă să-l alinte și să-l aplaude pentru cele mai neînsemnate realizări.

CAPITOLUL XX

De când eram o copiliță visam la dragostea perfectă și la prințul călare pe un cal alb. Un prinț care ar fi trebuit Să mă ia și Să mă ducă undeva departe de ochii acestei lumi egoiste și lipsite de profunzime.

Insă prințul a fost mai degrabă un zmeu care nu a știut câtă nevoie de iubire avea sufletul meu.

De ce mi-am pierdut inocența? De ce nu mai cred în toate aceste lucruri?

Încă de când erai fetiţă erai atrasă de lucrurile frumoase. Erai atrasă de oamenii buni şi armonioşi. Mai mult decât atât, îi spuneai mamei tale că nu-ţi place de nu ştiu ce persoană, pentru că este urâtă.

Mama ta, jenată, îţi atrăgea atenţia că nu este frumos să vorbeşti aşa, dar tu, în acele momente şi la acea vârstă, aveai o puritate nealterată de concepţiile şi de şabloanele celor maturi şi falşi.

Dacă nu-ţi făcea plăcere ceva, nu-ţi plăcea şi pace! Acele momente erau primele tale contacte cu emoţiile. Ele îţi spuneau ce este agreabil şi ce nu. Pentru tine, bineînţeles!

Ceea ce ţie nu-ţi plăcea, putea fascina pe altcineva într-un mod surprinzător.

Erai atrasă de hainele bine asortate din punct de vedere al armoniei culorilor. Erai atrasă de lucrurile fine. Erai atrasă de parfumurile mamei tale. Îi recunoşteai mirosul pielii cu o certitudine de nezdruncinat.

Iubeai frumosul. Iubeai florile. Iubeai aroma prăjiturilor.

Apoi te-ai mărit şi ai devenit domnişoară. O tânără femeie. Corpul tău a căpătat forme frumoase şi bine propor- ţionate.

Tu ai observat că, dacă-l îmbrăcai cu anumite haine, îi puteai scoate în evidenţă cu uşurinţă calităţile.

Băieţii şi bărbaţii au început să te privească într-un mod ciudat pe care nu-l mai cunoscusei înainte. Era o privire admirativă, dar, în acelaşi timp, o dorinţă în acea privire a lor. Parcă voiau să stea cât mai aproape de tine.

Iar când se întâmpla să te regăseşti în preajma lor, unii dintre ei se fâstâceau, iar alţii zâmbeau larg şi vorbeau vrute şi nevrute doar pentru a-ţi intra în graţii.

Atunci ai realizat că emanai o energie care-i controla pe bărbaţi. O energie care-i hipnotiza.

Această energie era invizibilă, dar puternică. Mai puternică decât o armă.

Chiar dacă trupul tău devenea foarte atrăgător, tu încă nu-ţi înţelegeai sexualitatea cu adevărat.

Ai început să fii captivată de rujuri şi de farduri. Te atrăgeau cu o aceeaşi intensitate cu care te atrăgeau lucrurile frumoase, atunci când erai fetiţă.

Combinaţiile între culorile cosmeticelor pe care le cumpărai, într-o cantitate din ce în ce mai mare, îţi dădeau posibilitatea să devii de fiecare dată altfel.

Amestecurile acestora te ajutau să te joci cu propria ta frumusețe și cu propria ta feminitate. Acest joc îl continui și astăzi. Nici în momentul de față nu ești sigură ce nuanță de fard sau de ruj te avantajează mai tare.

Cu cât îți subliniai mai mult frumusețea feței cu aceste produse, cu atât mai atrăgătoare deveneai în ochii bărbaților.

Ai început să primești tot mai multă atenție din partea lor. Tot mai multe complimente. Ziua în care nu primeai suficientă atenție era o zi pierdută pentru tine. Astfel, ai început să devii capricioasă.

Din atâția bărbați care se învârteau în jurul tău, într-o bună zi ai început să te simți și tu atrasă de unul dintre ei.

Avea o privire care te făcea să vibrezi ușor. Te simțeai bine cu el în preajma ta. El și-a dat seama de asta și nu contenea să-ți aducă flori și să-ți spună că toate acele flori pălesc în comparație cu frumusețea ta.

Nu a durat mult timp și curiozitatea te-a împins să experimentezi amorul de care toți oamenii maturi vorbeau atât de des.

După acea experiență, ai realizat că iubitul tău pe care-l doreai tot timpul lângă tine a început să te evite uneori. Atunci ai înțeles printre lacrimi că toată acea conexiune pe care o aveai la început cu el.. .s-a risipit.

Nu din cauza ta, ci din cauza lui.

Ușor-ușor ai început să înțelegi că pentru bărbați o relație se manifestă în mare parte la nivel sexual. Toată profunzimea de care aveai nevoie nu puteai să o găsești la el.

Toate gândurile tale pe care voiai să le împărtășești cu el despre frumusețea vieții, despre armonia culorilor, despre poezie, despre visele tale și despre dragoste, toate acestea erau neînțelese de către iubitul tău.

Și parcă nu depunea niciun efort să încerce să aprofundeze aceste lucruri.

În acele clipe tu ai realizat că ți-ai pierdut inocența.

Ți-ai pierdut încrederea în iubire.

Ți-ai pierdut încrederea în relația desăvârșită pe care o tot vedeai existând prin filme.

Ai început să te închizi încet în propriul suflet, căci dacă ai fost deschisă nu ai câștigat nimic altceva decât indignare.

Apoi ai început să dai şi mai multă atenţie corpului tău, deoarece ai observat că bărbaţii sunt atraşi de formele armonioase. Sunt atraşi de ceea ce văd.

Pentru unele dintre voi, acele vise au rămas încă blocate în suflet aşteptând ca un bărbat matur, inteligent şi profund să le descifreze. Un bărbat suficient de evoluat pentru a merita privilegiul ca o femeie să-i acorde întreaga încredere.

O încredere pe care a oferit-o atât de uşor pe când era o tânără femeie.

Atunci când şi-a pierdut inocenţa...!

CAPITOLUL XXI

Într-o societate în care superficialitatea și sclipiciul câștigă tot mai mult teren, câtă atenție ar trebui să acorde o femeie corpului și frumuseții exterioare?

Deși apreciați la un bărbat profunzimea gândirii și claritatea de a desluși misterele vieții, totuși, întreaga voastră existență, încercați să fiți cât mai sexuale.

Vă străduiți să arătați cât mai bine și să vă scoateți în evidență atuurile fizice. O femeie bine proporționată și care are și o atitudine potrivită devină irezistibilă pentru majoritatea bărbaților, iar pentru voi femeile devine un model sau o sursă de invidie.

Mai mult chiar. Dacă știți că un anumit bărbat a fost cândva iubitul unei femei care arată foarte bine sau o femeie celebră, dintr-o dată acel bărbat are șanse mai mari de a vă cuceri și pe voi dacă și-ar dori asta.

El devine interesant nu pentru că știți ce calități are el cu adevărat, ci pentru simplul fapt că o femeie excepțională l-a acceptat în viața și în patul ei.

Dacă v-ar întreba cineva de ce depuneți atâtea eforturi pentru a arăta bine, de ce pierdeți atâtea ore zilnic în fața oglinzii pentru a reuși să redați machiajul perfect, de ce plătiți atâția bani la saloanele de cosmetice, de ce urmăriți mereu revistele în care se prezintă ultimele tendințe în modă, ce răspuns i-ați da?

Unele dintre voi ar spune că le place să arate bine și numai așa se simt femei complete. Chiar dacă nu ar mai exista niciun bărbat în această lume, ele tot ar depune eforturi uriașe pentru a se simți bine în pielea lor.

Altele vor răspunde că pierd atâta timp pentru a se aranja și pentru a fi cât mai cochete doar pentru a atrage atenția bărbaților, căci această atenție este o hrană care le ajută să se descopere.

O altă parte din voi ar spune răspicat că depuneți aceste eforturi doar pentru a arăta bine în ochii persoanei iubite sau că persoana respectivă v-a solicitat acest lucru.

Adevărul este că, într-un fel sau altul, voi încercați să străluciți și să fiți cât mai frumoase pentru a rămâne cât mai mult timp conectate cu femeia voastră interioară, cu martorul vostru cel mai viu, cu ființa aceea care dorește profunzime și inteligență de la un bărbat. Fără aceste calități un bărbat nu are cum să se apropie de sinele vostru real și nu are șanse de a vedea lumina din inima voastră.

Femeile care sunt în conexiune cât mai mare cu propria lumină sunt cele care au răspuns că vor face tot posibilul să arate bine și să fie frumoase, chiar dacă ar dispărea toți bărbații din lume.

Astfel de femei se simt minunat cu propria lor feminitate. Ele sunt cele mai fascinante femei. Ele sunt cele care pot radia cu ușurință în jur senzualitate și multă energie pozitivă.

Ele nu au nevoie de privirea nimănui. Nu au nevoie de aplauze, căci sunt fericite cu ele însele.

Astfel de femei nu numai că încearcă să devină cât mai frumoase, dar ele văd cu ușurință și frumusețea lucrurilor din jur. Fiind în permanență în contact cu propria feminitate, ele au un nivel de vibrație energetică atât de înalt, încât atrag ca un magnet prezența tuturor.

Femeile care se îngrijesc și vor să arate bine doar pentru a atrage privirile celor din jur sunt cele care încă au nevoie de confirmări. Se simt bine când li se face câte un compliment, iar în urma fiecărei laude primite orgoliul lor mai crește un pic. Pot cădea chiar și în capcana vulgarității.

În timp pot deveni pline de capricii și inabordabile. Bărbații profunzi și puternici vor ocoli astfel de femei, iar ele nu-și pot găsi un partener decât din rândul bărbaților nesiguri pe ceea ce au de făcut și care se află în aceeași nevoie de confirmări ca și ele.

Vor forma un cuplu de cerșetori de aplauze, de funcții, de diplome și de complimente. Ei nu-și vor cunoaște niciodată propria valoare decât în raport cu părerile celorlalți față de ei.

Femeile care se străduiesc să arate bine doar pentru că le-a cerut partenerul să facă asta sunt cele dependente de un bărbat, pe care încearcă să-l mulțumească de frică să nu-l piardă. Ele ajung încet-încet să-și piardă personalitatea și vor începe să se comporte ca un obiect decorativ aflat la brațul bărbatului, braț pe care-l vor strânge tot mai tare din disperarea de a nu rămâne singure.

Din păcate există și o a patra categorie de femei. Acelea care nu mai sunt interesate de cum arată și de ceea ce gândesc ceilalți despre ele, dar asta nu pentru ca au o mare încredere în ele. Nicidecum! Astfel de femei își trăiesc viața resemnate, într-o apatie care nu le aduce niciun strop de fericire. Ele au devenit așa, fie din cauză că nu mai văd niciun avantaj în faptul de a arăta bine, fie au suferit o decepție în dragoste și au renunțat la orice fel de comunicare cu propria lor feminitate.

Indiferent din ce tip de femeie faci parte, trebuie să înțelegi că întregul tău corp și întreaga ta atitudine nu sunt decât reflexii ale gândurilor tale, ale modului de viață, dar și ale voinței tale de a deveni în fiecare zi femeia excepțională pe care ieri nu o credeai deloc capabilă că ar putea deveni

CAPITOLUL XXII

Mi-am pierdut încrederea în bărbați. Am suferit prea mult ca să mai am curajul necesar de-a începe o altă relație. Parcă o parte din mine s-a închis și nu mai pot primi pe nimeni în suflet. Nu că nu aș vrea, dar cred că frica de suferință s-a transformat în paznic. Este normal așa ceva?

S-a întâmplat ca uneori să-ți pierzi încrederea atât de mult în bărbați, încât toată sursa și esența ta feminină au ajuns să fie îmbrăcate într-un scut care avea rolul de a proteja tot ce ai mai de valoare, și anume femeia extraordinară din tine.

Acest scut ți-a îngrădit accesul la una din principalele tale calități: intuiția.

Fără intuiție ai reușit, din nefericire, să mergi pe un drum greșit. Ai început să intri într-o concurență directă cu bărbații în viața de zi cu zi.

Ai ajuns să-ți dorești doar să avansezi în carieră și să te bucuri foarte mult când cei din jur îți laudă inteligența.

Din cauza faptului că te-ai închis față de esența ta feminină, ai început să consideri că strălucirea, zâmbetul și frumusețea nu sunt deloc atuuri feminine. Nu mai crezi în puterea lor.

Din nefericire, un bărbat care nu știe cât de sensibil este sufletul unei femei te poate face să iei, în urma despărțirii de el, decizii pe care le vei regreta mai târziu.

Începi să-ți dai seama că, din cauza închiderii tale față de eternul feminin, nu mai exprimi în jur decât o energie rațională dornică mereu de competiție. Începi să capeți un comportament tot mai încordat. Începi să te manifești masculin, căci te consideri mereu în concurență cu toți cei din jur.

Vrei să le demonstrezi tuturor că nu mai ești femeia slabă de altădată, trădată sufletește de un bărbat misogin care nu a știut să o iubească.

Începi să crezi cu tărie că o femeie poate să trăiască bine mersi și fără un bărbat alături. Nu ai în minte decât unicul gând că poți să reușești fără să depinzi de nimeni și de nimic.

Vei observa că, atâta timp cât îți vei ascunde strălucirea, bărbații nu se vor mai simți atrași de tine din punct de vedere sexual. Ei vor începe să te privească la fel ca pe un partener de afaceri sau ca pe un prieten.

Și nu este vina lor! Ceea ce exprimi în exterior, asta este perceput.

Culmea este că nici tu nu mai simți nevoia de atingere, căci ți-ai blocat sensibilitatea.

Nu vei mai exprima nicicum acea prospețime pe care o femeie fericită o are în privire și o emană în jur.

Ți se va diminua capacitatea de a simți acel număr nelimitat de emoții, care este o calitate specific feminină.

Emoțiile resimțite vor fi într-un număr tot mai restrâns. Nu te va mai interesa un film de dragoste. Nu te va mai interesa un răsărit de soare. Nu te va mai înfrigura sunetul unui pian.

Nu vei mai ști să iubești ploaia. Nu vei mai simți nevoia să dansezi.

Vei fi focusată doar pe reușite profesionale. Restul lucrurilor ți se vor părea copilărești și lipsite de importanță.

Bărbații sunt atrași de farmecul și strălucirea unei femei. Este același farmec și aceeași strălucire pe care ai exprimat- o și tu din plin, atunci când l-ai atras pe acela care te-a făcut să nu mai ai încredere în niciun alt bărbat.

Trebuie să înțelegi că acel bărbat care ți-a schimbat viața în mod negativ nici nu este conștient de ceea ce ți-a făcut.

Poate că în acest moment în care tu nu mai vrei să auzi decât de carieră, el cucerește o altă femeie, fără să-i pese că între sânii de care este atras atât de tare bate o inimă. O va face și pe ea să cunoască suferința.

Dacă stai bine să te gândești, ți-au plăcut atunci toate complimentele pe care ți le făcea. Era priceput la vorbe. Numai că toate aceste laude erau adresate doar corpului tău.

El nu ți-a văzut decât învelișul exterior. În schimb, atunci când te-a rănit, nu ți-a rănit corpul. Nicidecum.

El ți-a lăsat un gol în suflet pe care tu încerci acum cu tot dinadinsul să-l protejezi cu ziduri groase și reci prin care nu mai poate ieși la suprafață lumina ta.

Trebuie să transformi această suferință și ura pe care o ai împotriva lui, în înțelegere profundă.

Trebuie să accepți că există astfel de bărbați, dar este neapărat necesar să conștientizezi că nu toți bărbații sunt așa.

Iartă-l!

Nu pentru că merită asta, dar numai așa îți vei găsi liniștea. Și, dacă-mi dai voie, îți mai spun ceva: el nu va avea habar niciodată cât de mult te-a rănit. Și, dacă ar ști, nici nu i-ar păsa.

Un astfel de bărbat ai iubit tu! Deci vina nu este numai a lui. El ți-a oferit niște daruri simple care, deși erau fără valoare, pe tine te-au fascinat.

Reînvață să comunici cu propriul tău suflet! Scoate la suprafață misterul feminin pe care l-ai încuiat în acel cufăr interior și pe care-l ții ascuns de frică să nu profite vreun alt bărbat diletant de calitățile lui.

Reînvață să te iubești!

Numai că pentru acest lucru trebuie să te vindeci întâi de iubirea unui bărbat care nu te-a meritat niciodată.

Lasă-l liber! Nu te mai interesează ceea ce-a fost. Ai trăit o experiență neplăcută care nu ar fi trebuit să-ți coboare frecvența emoțiilor.

În asta constă puterea noastră, a oamenilor. Să învățăm să ne vindecăm de rănile provocate în alegerile greșite pe care le-am făcut în această viață.

Doar așa învățăm să creștem!

Am putea alege să stăm toată ziua închiși într-o cameră, de frică să nu ne afecteze cineva existența. Dar astfel nu ne vom forma anticorpii necesari pentru a merge mai departe.

Devino femeia care știa să schimbe ziua unui bărbat cu un simplu zâmbet...

În asta constă puterea ta, ca femeie.

Lasă forța brațelor pentru bărbați. Ție nu ți se potrivește.

Tu ai o singură obligație: să strălucești.

Nu pentru mine și nici pentru ceilalți, ci pentru femeia perfectă din tine

CAPITOLUL XXIII

De ce este o aşa mare concurenţă între noi femeile? Felul în care ne îmbrăcăm şi felul în care ne comportăm dau naştere la atâtea bârfe şi la atâtea discuţii, încât, uneori, îmi doresc să trăiesc şi să muncesc numai alături de bărbaţi.

De multe ori, între voi, femeile, există o concurență tacită, subtilă care dă naștere unor neînțelegeri și unor discuții care se pare că nu au nicio bază reală. Ele nu au substanță. De aceea, toate aceste cleveteli și bârfe nu vă ajută cu nimic în evoluția voastră.

O femeie este dornică de atenție prin însăși natura ei. Dar, mai mult decât atât, ea își dorește să se simtă unică. Să știe că nu mai este nicio altă femeie înzestrată cu atâtea calități ca ale ei.

Atunci când o altă femeie îți umbrește succesul sau adună laudele și meritele pe care tu le considerai că-ți aparțineau deja, începi să te înfurii.

Nu-ți place ca rochia unei alte femei să fie mai admirată decât a ta.

Nu-ți place ca o altă femeie pe care tu o consideri sub nivelul tău să dețină o funcție mai importantă decât a ta și un nivel de control mai mare.

Nu-ți place ca iubitul tău să complimenteze o altă femeie atunci când tu ești de față. În asemenea clipe te simți ca un mare general care este obligat să asculte niște complimente făcute unui alt general.

Nici scriitorilor nu le place să lauzi opera unui alt scriitor de față cu ei. Decât dacă nu le este contemporan.

Știi bine că tu, ca femeie, nu te simți niciodată amenințată de prezența unei femei care nu prea arată bine și nu are nici prea mari calități oratorice sau intelectuale.

În schimb, dacă lângă tine își desfășoară activitatea o femeie frumoasă care strălucește și care atrage toate privirile din jur, atunci începi să nu-ți mai găsești locul.

Trebuie să înțelegi că nu ai niciun motiv pentru a nu te simți în largul tău lângă o femeie superbă. Mai mult chiar, dacă o admiri sincer, printr-un proces de rezonanță vei începe să fii tot mai admirată și tu.

Dacă o invidiezi, toată această energie negativă nu-ți va aduce decât neplăceri.

Mai mult decât atât, respectiva femeie îți va percepe gândurile tale de respingere și se va comporta ca atare. Ea nu are nicio vină și s-ar putea să o judeci greșit.

Fiecare femeie este unică și fiecare exprimă în exterior câte o amprentă energetică diferită. Oricât de bine ar arăta o femeie, nu înseamnă că toți bărbații de pe fața pământului o vor vrea doar pe

ea.
Asta se întâmplă doar în telenovele. Mă rog, în telenovele o vor doar ăia bogați și frumoși.
Fiecare dintre noi se va simți atras de persoana care l-ar putea ajuta să evolueze pe un anumit plan sau altul.
Tu îți dorești să fii percepută așa cum ești.
Nu trebuie să-ți faci griji că nu ești suficient de atrăgătoare. Atracția și respingerea se formează în funcție de cel care te privește și te analizează.
Este atâta frumusețe în zâmbetul oricărei femei, că numai dacă ați ști acest lucru ați încerca să zâmbiți mai des. Și o veți putea face, căci voi credeți în frumusețe.
V-ați născut din frumusețea iubirii și acum este rândul vostru să duceți mai departe torța frumuseții și a iubirii, până când fiecare colțișor de pe acest pământ va fi umplut cu armonie.
Care floare este mai frumoasă într-un parc plin de flori? Este greu de spus, căci fiecare formă și fiecare culoare are personalitatea ei. Și galbenul, și roșul, și movul, și albastrul, dar și portocaliul au o seducție aparte pentru ochii celor care știu să privească.
Ca să nu mai vorbim de dantela de parfumuri unice care atrage curioșii, doar pentru a-și delecta nările cu divinele miresme...
Dacă florile sunt atât de frumoase, deși sunt atât de multe și diferite, de ce crezi că voi femeile sunteți mai prejos de atât?
Privirea fiecărei femei este diferită.
Vocea fiecărei femei are o armonie aparte.
Nicio femeie nu are la naștere un avantaj față de o alta. Poate doar financiar, dar nu banii îți conferă feminitatea care face bărbații să-și piardă rațiunea și să viseze la atingerea ta. O atingere care este, de asemenea, diferită pentru fiecare femeie în parte.
Ar fi trist ca în această lume să existe doar o singură floare chiar dacă tu o consideri de o frumusețe neasemuită. Sau o singură femeie, chiar dacă este absolut superbă, așa cum este colega ta care atrage toate privirile și care pe tine te enervează la culme.
Tu ești atât de atentă la toate privirile ațintite asupra ei, încât ai uitat de mult să percepi și privirile care îți sunt oferite ție fără ca măcar să știi de ele.!

CAPITOLUL XXIV

De ce mă simt uneori atât de neîmplinită? Parcă orice aş face simt că merg pe un drum greşit. Mai mult de atât, îmi lipseşte siguranţa că am ales bine până acum tot ceea ce am făcut în această viaţă.

Ce aş putea face să evit astfel de stări? Cine mi-ar putea înţelege aceste ezitări interioare?

Uneori, simți în tine un gol pe care încerci să-l umpli cu fel și fel de activități. Începi să uzi florile sau pleci la shopping, ca să cumperi de multe ori niște obiecte care nu-și găsesc o valoare concretă în sine, dar care pe tine te fac să treci mai ușor peste acel gol.

Cumperi bețișoare sau lumânări parfumate, chiar dacă ai deja raftul plin de așa ceva, sau niște elemente decorative pentru care nu mai este loc în casă decât dacă le arunci pe cele vechi. Și asta faci, căci ai nevoie de o schimbare.

Vrei să înlocuiești mobila din dormitor, căci ai impresia că are o culoare urâtă, dar tot tu ai ales și vechea nuanță.

Acest gol pe care-l simți este, de fapt, pierderea conexiunii emoționale cu tine. Nu te mai regăsești. Nu te mai simți iubită.

Bine că nu ți se întâmplă zilnic asta, căci casa ar fi într-o continuă renovare.

Iubitul tău simte că înnebunește când te vede în astfel de stări. El ar trebui să aibă răbdarea necesară pentru a aștepta să-ți revii din această *„transă"* indusă doar de sentimentul și de teama lipsei iubirii.

Dacă el te-ar lua atunci în brațe, te-ar privi în ochi și ți-ar spune că te iubește, cu siguranță te-ai liniști. Asta numai dacă îl vei simți că ar putea face orice în acel moment pentru a-ți da ție siguranța că ești protejată, iubită și că nimic rău

nu ți s-ar putea întâmpla.

Plantele pe care le aduci în casă pentru a le admira și pentru a le îngriji fac parte tot din nevoia ta de iubire. Știi bine cât de mult suferi când ele se ofilesc. Când le vezi uscate, ceva din sufletul se schimonosește de durere pentru că la nivel subliminal înțelegi faptul că nimic nu este perfect și totul este supus schimbării.

O floare care se deschide și se face izbitor de frumoasă îți umple inima de bucurie. Este o dovadă clară că iubirea ta a găsit un sol fertil și că nu ai pierdut-o degeaba.

Când floarea se ofilește, ceva din tine se închide alături de ea. Vei da vina pe lumină sau pe apă, dar simți că a lipsit altceva și suferi și pentru floare și pentru tine.

Tu și florile tale deveniți prietene bune la nivel emoțional. Nu este întâmplător faptul că din cele mai vechi timpuri bărbații oferă flori femeilor, fiecare tip de floare având o semnificație aparte.

Știi bine cum te lauzi prietenelor cu ce flori interesante ai și știi bine cum se invită singure pe la tine să le dai și lor un pui de floare din acela de un roșu aprins sau de un galben pur.

Fel și fel de culori fascinante care pe voi, femeile, v-au atras încă de când erați niște fetițe.

Sunt tot aceleași nuanțe pe care le căutați cu aviditate în cele mai noi tipuri de cosmetice.

Uneori, iubita mea îmi cere să-mi dau cu părerea asupra unei nuanțe de fond de ten și, deși încearcă trei-patru tente diferite din aceeași culoare, eu nu percep diferența între ele.

Pentru voi, fiecare paletă de culoare are o poveste bine scrisă pe care vreți să o citiți și cu care vreți să vă identificați.

Așa este și sufletul vostru. Plin de nuanțe și de culori deloc asemănătoare.

Așa se manifestă energia feminină. Uneori, nici voi nu sunteți conștiente de profunzimea ei.

Să suferi atât de mult pentru o floare care se ofilește? Da! Atât de mult poți să iubești, femeie!

La fel de bine te poți răci deodată față de bărbatul de care nu te mai simți iubită.

Este un mister al vostru greu de pătruns de logica unui bărbat, deoarece trăirile voastre își au sursa în inimă, nu în rațiune.

Puținii bărbați care mai pot percepe frânturi și flash-uri din visele și dorințele voastre sunt artiștii.

Dar o mare parte din ei nu sunt cei etichetați de mass-media ca fiind artiști. Aceia sunt obiecte comerciale menite să adune bani de la public. Arta nu are nicio legătură cu banii. Și nici sufletul cu marketing-ul.

Artistul pur exprimă numai iubire. Are o bogăție a emoțiilor la fel de mare ca sufletul feminin. Trăirile lui se regăsesc în inimă. De acolo îi vine inspirația. La extrema cealaltă sunt cei foarte raționali care pot deveni cu ușurință oameni de știință. Un om de știință nu poate înțelege niciodată o femeie.

Mi-a scris cineva o dată un comentariu la un articol, cum că s-ar fi demonstrat științific că dragostea durează doar trei ani. Am întrebat cum ar putea un om de știință să studieze dragostea. El ar putea să vadă cel mult ce tip de hormoni eliberează glandele atunci când suntem îndrăgostiți. Dar acești hormoni sunt efectul, nicidecum cauza.

Care este sursa dragostei o poate explica numai un suflet elevat, ca cel al unui artist. Numai că el nu va explica logic nimic, căci nu va putea. El va compune o operă de artă care-ți va intra în suflet printr-o rezonanță încă nedemonstrată, nici ea, de știință.

Tu, ca femeie, spre deosebire de un bărbat, poți intra în această rezonanță mult mai repede cu un actor de excepție, de exemplu. Toate trăirile lui le vei percepe imediat. Vei plânge și vei râde împreună cu el. Acolo este arta. Cum poate face asta, nici el nu-ți va putea explica. Este comunicare de la inimă la inimă.

Orice femeie rămâne marcată și fascinată atunci când are șansa de a comunica cu un artist autentic. Schimbul de informații între ei se va face la un nivel atât de înalt, încât diletanții nici nu realizează că poate exista o asemenea elevare a spiritului și un asemenea schimb al ideilor

CAPITOLUL XXV

Mi-ar plăcea să-l fac pe iubitul meu să înţeleagă faptul că îmi doresc să trăiesc şi alte experienţe alături de el. Nu mă refer la cele erotice. Mă refer la faptul că vreau mai multă profunzime în discuţii. Vreau mai multă poezie în relaţie.

Îi comunic lucrurile astea, dar parcă le aude şi atât! Nu reuşesc să trezesc un ecou în inima lui.

Aş vrea să-l fac mai atent la nevoile sufletului meu, nu doar la cele fizice.

Ți se întâmplă ca în anumite perioade ale relației tale să fii nemulțumită de unele aspecte ale iubitului tău. Și nu mă refer neapărat la cele fizice.

Din punct de vedere fizic, un corp căruia i se oferă hrană sănătoasă și sport de cel puțin trei ori pe săptămână, devine un corp armonios. Pentru acest lucru iubitul tău ar trebui să-și găsească propria motivație de a-și respecta aspectul exterior.

Însă eu, vorbesc acum de anumite calități sau defecte ale personalității sale.

Vei avea tendința ca, uneori, să-l critici pentru ceea ce nu este. Deși atunci când l-ai cunoscut el nu era un bun dansator, tu îi vei reproșa acest lucru ori de câte ori veți avea ocazia de a merge la o petrecere.

Ție-ți place poate să te miști pe ritmurile muzicii și nu înțelegi cum de sunt oameni care nu pot face asta în mod natural.

Nevoia ta de a dansa este o nevoie cât se poate de firească și, pentru a ți-o mulțumi, vei încerca să dansezi cu un alt bărbat cunoscut atunci când sunteți ieșiți cu prietenii. Dacă iubitul tău nu este posesiv va înțelege această dorință a ta și nu-ți va face vreo scenă neplăcută.

Vei avea tendința ca, uneori, să-ți critici iubitul dacă nu este un bun meșter, căci ai nevoie prin casă ca anumite lucruri să fie reparate. Tu îi vei reproșa asta deși, atunci când l-ai cunoscut, el te-a cucerit cu latura lui artistică și cu viziunea lui despre viață și despre iubire.

Trebuie să înțelegi că, în sensul profund și lucid al fenomenelor, ființele nu pot fi schimbate cu ușurință. Natura își urmează cursul neobosit, iar evoluția se petrece într-un ritm impus de ea nu de către noi, oamenii.

Știu că tu îți dorești să găsești un bărbat care poate îmbrăca toate formele din lume și toate personalitățile în același timp, dar acest lucru nu-l întâlnești în realitate.

Dacă vorbim de un bărbat ideal în sensul general și absolut al cuvântului, el nu există.

Idealismul este subliniat prin ochii femeii care-l iubește. Deci bărbatul perfect există. Dar va fi perfect doar pentru tine. Chiar și așa, el poate fi tot ceea ce ai nevoie doar pentru o perioadă limitată de timp. Cât de mult veți prelungi această perioadă, asta depinde numai de voi.

O relație are un caracter dinamic, iar acest dinamism ar trebui să ducă la evoluția voastră. Deci voi ar trebui să creșteți împreună ori să stagnați împreună.

Se spune că un bărbat se îndrăgostește de o femeie și se va căsători cu ea sperând că ea nu se va schimba niciodată, dar ea se va schimba întotdeauna! O femeie se îndrăgostește de un bărbat și se va căsători cu el, sperând că-l va schimba. Însă el nu se va schimba niciodată!

Vei avea mereu această tendință de a încerca să schimbi bărbatul de lângă tine. De a-l face mai bun. Mai bun pentru tine. Gândește-te că, așa cum este el în acest moment, ar putea fi un ideal pentru o altă femeie.

Nu mă înțelege greșit! Eu nu spun că bărbații nu ar trebui să evolueze. Eu consider că au această obligație chiar, dar o vor face atunci când vor conștientiza nevoia de schimbare. Iar astfel de bărbați sunt rari.

Câți bărbați cunoașteți care și-au propus ca de mâine să înceapă să facă zilnic jogging și chiar să facă acest lucru mai mult de o săptămână? Să facă acest lucru până devine un mod de viață.

Câți bărbați ați cunoscut care și-au propus ca de mâine să nu mai piardă timpul șase ore pe zi în fața televizorului și să înceapă să dezvolte ceva creativ pentru creșterea lor spirituală? Și chiar să-și ducă la capăt această promisiune?!

Câți bărbați ați cunoscut care și-au promis că de mâine nu vor mai pierde atâta timp la bere și la țigări cu anumiți prieteni care nu sunt un anturaj deloc avantajos pentru ei?

În momentul în care alegi un bărbat pe care să-l ții de mână, trebuie să înțelegi că el va trebui să aibă calitățile care ție îți vor aduce bucurie și liniște sufletească.

Aceste calități ar trebui să fie intrinseci, să le aibă atunci când îl cunoști. El să fie deja mecanicul ideal pentru tine, poetul, chitaristul, filosoful sau dansatorul care-ți va umple viața cu bucuria pașilor de vals.

Nu mai încerca să-l transformi, căci nu vei reuși asta.

Trebuie să fii complet sinceră cu tine și să-ți dai seama ce anume vrei cu adevărat de la un bărbat. Căci nu orice bărbat te poate ajuta să evoluezi sufletește și spiritual.

Mie, de exemplu, îmi place foarte mult arta. Mă fascinează muzica, dansul, oratoria, scrisul și teatrul.

Nicio femeie din această lume nu mă va putea transforma într-un inginer mecanic de excepție. Probabil că m-aș putea descurca, dar aș fi un inginer mediocru.

Oricât de mult aș iubi acea femeie, nu mă voi putea schimba în ceva ce nu sunt. Oricât de mult mi-aș dori acest lucru. Ca să-mi iau un astfel de angajament, ar însemna să o mint și pe ea, dar mai ales pe mine.

Nu putem învăța o pisică să latre, așa cum nu putem cere unui cal să nu mai tropăie atunci când merge.

Trebuie să învățăm să ne găsim propria armonie interioară și trebuie să-i căutăm pe cei care ne pot ajuta să o descoperim cât mai repede.

CAPITOLUL XXVI

Nu ştiu de ce, dar atrag numai acel gen de bărbat cocoloşit şi dependent de mama lui. Eu am fost mereu o fire independentă şi nu pot înţelege de ce acest tip de bărbat nu poate ieşi din zona lui de confort.

Vei observa că, de-a lungul experiențelor tale amoroase, vei cunoaște mai multe tipuri de bărbați.

Ca femeie vei avea nevoie de acel bărbat care știe și își dorește să iasă din sfera mediocrității.

Un iubit mediocru nu numai că nu va avea curaj să-și depășească propriile limite. El se va mulțumi cu o viață căldută. Va fi foarte mulțumit dacă-și va putea vedea emisiunile preferate și dacă își va încasa leafa o dată pe lună.

El nu va excela prin nimic, dar nu că nu ar fi capabil să facă asta, ci că nu va simți nevoia. De multe ori, un astfel de comportament își are rădăcinile în educația primită de la părinți.

Băieții care au fost cocoloșiți și au fost protejați cât mai mult de mamă și de tată, atunci când era nevoie să-și rezolve singuri micile probleme, vor deveni bărbații care nu vor simți nevoia să se autoperfecționeze.

Asta se întâmplă, deoarece ei au fost educați să creadă că cei din jur au obligația să le rezolve problemele așa cum o făceau părinții lor.

Un astfel de iubit, care este mulțumit cu această mediocritate, se va potrivi cu o femeie care a fost educată tot în acest mod.

Dacă ești o femeie cu un spirit liber și independent, vei simți că acest gen de bărbat te va trage în jos și nu vei fi de

acord cu o astfel de relație.

Un bărbat mediocru nu-și va dori să se depășească nici în ceea ce privește latura erotică.

Ce vreau să spun este că tu îți dorești să fii pătrunsă de forța bărbatului de lângă tine, atât fizic, cât și emoțional, și spiritual.

O femeie, atunci când face dragoste, începe să-și perceapă corpul ca un înveliș ce ascunde adevărata ei ființă. O femeie își dorește ca un bărbat să facă dragoste nu doar cu trupul ei, ci cu întreagă ei manifestare ca femeie.

Corpul ei este doar o extensie a feminității care se ascunde în sufletul ei.

Bărbatul mediocru se va mulțumi să o atingă doar la suprafață, adică, doar în ceea ce privește natura fizică a femeii. De multe ori nici fizic nu se poate armoniza cu o femeie, căci trebuie să învețe să-i deprindă ritmul. Exact ca în dans, căci altfel îți calci partenera pe picioare.

Ritmul melodiei preferate în amor îl dă în general femeia. Ea alege! Cine are impresia că bărbatul își alege femeia, se înșală amarnic.

Ca să te pătrundă emoțional, iubitul tău ar trebui să încerce să-ți perceapă inima și întreaga suită de emoții prin care tu, femeie, treci atunci când îți dorești să fii iubită.

Când iubiții se armonizează din punct de vedere emoțional, ei vor simți la unison aceleași stări, grație capacității de rezonanță a inimilor celor doi.

Puterea de a te pătrunde spiritual este strict legată de capacitatea bărbatului de a rămâne prezent alături de tine cu toată ființa lui. Înseamnă să te pătrundă cu propria lui
conștiință care ar trebui să fie lucidă, nu haotică și distrasă.

Cu cât bărbatul este mai distras de alte gânduri atunci când face dragoste, cu atât energia lui masculină se disipă și nu va avea puterea de a fi prezent în conștiința feminină a iubitei lui.

Din cele descrise, înseamnă că un bărbat trebuie să se dezvolte neîncetat și este absolut firesc să facă acest lucru.

Sunt și femei care se mulțumesc cu mult mai puține calități ale unui bărbat și asta este ceva natural, căci este o lege universală care spune că cei care se aseamănă se adună.

Degeaba își dorește o femeie ca iubitul ei să-i scrie poezii dacă ea nu știe să citească.

Femeile aleg bărbații în funcție de necesitățile lor și de propria dezvoltare lăuntrică.

Dacă urmăriți câteva emisiuni despre alegerea partenerilor în regnul animal, veți vedea câte eforturi depun masculii pentru a cuceri o femelă. Este chiar amuzant de urmărit.

Ei se înfoaie, dau din cap, cântă, dansează, emană fero- moni sau luptă cu ceilalți masculi doar pentru a impresiona reprezentantele „*sexului frumos*".

La oameni este aceeași situație: bărbații se înfoaie cu mașini scumpe, se parfumează, își dau cu gel prin păr și încearcă să comunice cât mai elevat pentru a ajunge la inima femeilor și pentru a ieși în evidență în ochii lor.

Cu cât devin mai interesanți, cu atât cresc șansele să câștige atenția femeilor dornice de un partener potrivit nevoilor proprii, dar și potrivit nivelului de înțelegere a subtilităților vieții.

CAPITOLUL XXVII

În ceea ce priveşte frumuseţea noastră, a femeilor, parcă am trăi într-un cerc neîntrerupt. Ne place să fascinăm bărbaţii cu ajutorul ei, dar începem să ne plictisim repede când toate complimentele acestora sunt fixate numai asupra aspectului nostru exterior. Există vreo soluţie pentru a ieşi din acest „(abirint"?

*F*rumusețea este un dar sau o povară?

Întreaga ta viață faci tot posibilul să-ți scoți în evidență frumusețea fizică. Când ți se face un compliment legat de această frumusețe, tu ajungi să spui aproape mecanic un „*mulțumesc*".

Astfel de laude, strict legate de fizicul tău, ajung în timp să nu mai însemne mare lucru pentru tine. Nu te mai mișcă așa cum se întâmpla pe vremea când erai puștoaică.

Uneori, nici nu este nevoie ca un bărbat să-ți facă un compliment prin viu grai. Nu trebuie să-ți spună nimic. Îi simți privirea cum se fixează asupra ta. Pupilele i se dilată și respirația i se precipită.

Acest comportament este o apreciere în sine. Fără să ți se confirme faptul că ești frumoasă, sufletul tău s-ar usca. Ai deveni ternă, mohorâtă și lipsită de strălucire.

Nu vrei asta în niciun caz, dar în momentul în care devii mai selectivă, când atingi maturitatea în alegeri, începi să apreciezi alt tip de complimente.

Apreciezi anumite calități subtile interioare pe care le emani și pe care numai un bărbat matur și experimentat le poate observa.

Poate într-o librărie răsfoiești o carte și ești captivată de ideile autorului, căci este un scriitor pe care-l apreciezi. După ce închizi cartea, observi un bărbat care stă la câțiva metri de tine răsfoind, de asemenea, o carte.

El intervine foarte fin în discuție și-ți spune:

„-Scuză-mă, dar nu am putut să nu remarc câtă liniște sufletească emani atunci când citești o carte scrisă de un autor pe care-l apreciezi, se pare. Citești de parcă acest volum a fost scris pentru tine în mod special.

Nu vreau să par nepoliticos, dar am simțit nevoia să-ți spun asta. Tu nu vei avea niciodată ocazia pentru a-ți da seama câtă grație te înconjoară atunci când ești cufundată în lectură".

Nu are cum să te deranjeze un astfel de compliment. Este unul subtil, făcut de un bărbat stilat. Nu te-a jignit cu nimic, dar nici nu ți-a spus mare lucru despre tine. Ți-a plăcut pentru că nu a fost un compliment legat de trupul tău.

Chiar dacă bărbatul respectiv a fost cu adevărat fascinat de fundul tău, el a știut că o apreciere asupra formelor tale poate suna deplasat. Și mai ales într-o librărie.

Nu știi ce are de gând bărbatul respectiv, dar ai fost surprinsă într-un mod plăcut. Neașteptat de plăcut.

Dacă ar fi să compari acest compliment cu sunetul claxoanelor pe care unii șoferi le apasă într-o disperare atunci când treci strada, acesta ar putea primi un premiu de excelență din partea ta.

Cu cât un bărbat îți va aprecia doar părțile fizice, cu atât mai puțină încredere vei avea în el, căci el te privește din punctul tău de vedere ca pe un trofeu sexual.

Nu spun că nu sunt momente în care un compliment direct asupra picioarelor sau sânilor sau buzelor nu are un efect afrodisiac pentru tine.

Ești femeie și-ți place să te simți dorită. Îți place să fii privită ca o femeie, dar nu ca o bucată de carne.

Dacă ești o femeie frumoasă și bine proporționată, bărbații vor avea impresia că ești și o femeie superficială și se vor grăbi să-ți pună etichete.

Va fi destul de greu pentru un bărbat să poarte o discuție cu tine fără să-i coboare privirea asupra sânilor tăi. Aceștia au un efect magnetic pentru bărbați, căci sânii sunt un apanaj al feminității. Din acest motiv, unele femei încearcă să-i mărească pe cale artificială.

Atâta timp cât nu poți să găsești un bărbat care să te excite intelectual și emoțional, aplauzele aduse formelor tale fizice te vor provoca doar la un nivel superficial.

Și exact asta nu vrei tu: superficialitate.

Tu tânjești după acea profunzime a discuțiilor care să-ți răscolească toate gândurile tale intime. Căci atâta timp cât un bărbat ți le poate citi, înseamnă că te poți simți în siguranță lângă el. Dacă te vede exact așa cum ești tu și încă te dorește, te poți abandona, căci el a reușit să-ți câștige încrederea.

Asta înseamnă că frumusețea unei femei este o barieră care împiedică unii bărbați să treacă la următorul nivel: să înceapă să-ți cunoască dorințele și furtunile tale interioare.

Frumusețea ta este paznicul pus să protejeze cel mai mare secret al tău: feminitatea și strălucirea ta interioară.

Bărbații evoluați sunt capabili să lupte cu frumusețea ta și să-ți câștige încrederea.

Pentru acest lucru, ei trebuie să observe la tine calitățile subtile pe care nu le poate vedea oricine, deși tu le porți cu tine și le manifești tot timpul.

CAPITOLUL XXVIII

Oare dacă nu ar exista emoțiile, noi, femeile, am fi fost mai reci? Am fi ales lucrurile din viața noastră mai mult cu rațiunea decât cu intuiția? Nu cumva ai ales și motto-ul blogului tău „Emoții și. atât!" deloc întâmplător? Simt că poți înțelege sursa și natura emoțiilor și le poți transpune în cuvinte. Crezi că așa vor putea unele femei să realizeze că sunt cu adevărat ființe emoționale?

Ești femeie și ai nevoie de varietate emoțională. Emoția este combustibilul care-ți animă pașii, vocea și alegerile.

Tot emoția îți spune ce tip de parfum ar fi bine să folosești, căci pentru tine parfumul nu este un simplu miros. El este o senzație. Este o amintire. Sau o dorință...

Un bărbat atunci când miroase un parfum îl alege doar olfactiv. Îi place aroma lui și simte că ar avea șanse mai mari să iasă în evidență față de ceilalți bărbați folosind acel parfum.

O femeie, atunci când încearcă un parfum, trăiește o întreagă poveste. Ea percepe aroma lui nu doar prin respirație, ci prin fiecare por al pielii. Ea devine pe moment una cu parfumul și trăiește o experiență unică raportată la fiecare tip de parfum. Este o emoție pe care o trăiește instantaneu.

Mireasma acestuia poate să-i formeze imediat o analogie cu o anumită persoană sau cu o anumită situație de viață pe care a trăit-o cândva. Nu știe nici ea de ce, pentru că în acea experiență de viață nu a existat neapărat o aromă de parfum.

Dar dacă a fost fericită în acele momente sau nu, dacă a trăit o experiență intensă, toate acestea o vor determina să achiziționeze parfumul sau nu.

Femeia trăiește senzații și emoții în lucrurile cele mai simple și tocmai de aceea întregul marketing care se face pentru promovarea produselor destinate femeilor se bazează
pe emoții.

Bărbații reacționează foarte ușor vizual. De aceea mașinile din saloanele auto sunt prezentate de femei frumoase și pline de vitalitate.

Atracția pentru strălucire și pentru feminin este greu de evitat pentru un bărbat.

Pentru femei, emoțiile trebuie să fie cât mai variate, căci altfel devin terne și plictisitoare, iar în momentul în care ele încep să anticipeze ce urmează să se petreacă într-o anumită situație dată, își pierd tot interesul.

Un exemplu bun îl găsiți dacă observați cu atenție o femeie tânără și frumoasă care este ospătăriță. Fiind ușor de abordat prin natura meseriei ei, aude mii de replici de agățat de la fel și fel de bărbați.

Poate la început i se păreau interesante, căci aveau un caracter de noutate pentru ea, dar, în timp, aceste replici o plictisesc îngrozitor, căci ele se vor repeta. Bărbații au tendința de a se manifesta gregar atunci când e vorba de replici de abordat femeile. Puțini sunt cu adevărat originali.

Pentru ospătărița noastră, replicile încep să sune penibil. Însă bărbații nu vor înceta niciodată să încerce să flirteze cu o femeie frumoasă. Mă rog, nu toți. Doar cei care au curajul să facă asta.

În același exemplu, gândiți-vă că, la una din mese, un bărbat i-ar cere femeii să-și pună în gând un număr cuprins între 10.000 și 100.000. Asta da provocare, nu?

Și gândiți-vă că bărbatul respectiv, printr-un soi de mentalism, îi ghicește numărul. Asta da emoție! Femeia ar deveni dintr-o dată interesată de bărbatul care a reușit să-i citească cel mai intim gând. Ar vrea să afle cât de multe știe acest individ.

Curiozitatea aprinsă a unei femei, servită la pachet cu o emoție, este irezistibilă în ceea ce privește atenția ei.

Femeile au stări emoționale schimbătoare. Dacă dimineața sunt fericite și fredonează cu spor o melodie, te poți trezi că peste două ore sunt nervoase și vor să bată pe cineva.

Dacă un bărbat vă promite că vă vedeți mâine la o anumită oră la voi acasă și îi dați de înțeles că veți face dragoste cu el, el va veni negreșit. Se spune că bărbații, deși nu au timp de nimic, mereu își găsesc timp când e vorba de sex.

O femeie dacă promite că a doua zi va ajunge acasă la un bărbat pentru că-i este dor de atingerea lui, nu înseamnă că a doua zi chiar va face dragoste cu el. Este posibil ca ea să nici nu vină. Se pot întâmpla multe lucruri în 24 de ore care să-i schimbe starea emoțională.

Bărbații știu cu siguranță despre ce vorbesc. Numai că ei nu vor citi ceea ce aberez eu aici.

Asta nu înseamnă că femeile nu pot promite sau că sunt ilogice. Nu, ele sunt ființe emoționale.

Dați-mi voie să vă mai dau un exemplu:
Într-o noapte, iubitul te trezește și-ți spune:
„-Baby, trezeste-te si fă-ți bagajul că în patru ore avem avion spre insulele Fiji. Nu-ți face griji de nimic. M-am ocupat eu de tot. Ia-ți doar câteva hăinuțe!".

Asta da surpriză și emoție. Îți vine să sări în sus de bucurie. Dacă mă gândesc la cât de frumos este acolo, mai că-mi vine să vin și eu cu voi.

Acolo te relaxezi complet o săptămână. Uiți de orice. Ești răsfățată. Te simți adorată. Te simți iubită și fericită. Ai cel mai grozav iubit din toți câți există.

La câteva zile după ce vă întoarceți din vacanță, iubitul tău iese într-o seară cu băieții la o bere și-ți spune că la nouă seara este acasă. Numai că orele respectate de bărbați la întoarcerea de la bere sunt exact ca orele pe care le respectați voi când spuneți că sunteți gata cu machiajul în zece minute.

Deci el va veni la unsprezece fără un sfert. La fix! Tu îi pregătisei o cadă plină de spumă pentru a-i sublinia cât de mult îl iubești. Numai că această întârziere te-a scos din sărite și îi vei face o morală și o scenă din care te vei mira cum de a reușit să iasă nevătămat.

Toată săptămâna trecută s-a șters cu buretele pentru tine în acele momente. O săptămână de răsfăț ți s-a părut inferioară în comparație cu o întârziere de aproape două ore. Tu nici nu ai putut compara aceste aspecte!

Un bărbat ar fi ținut cont de ele, dar o femeie are nevoie mereu de alte emoții. Are nevoie în continuu de acest combustibil care-i animă ființa, pașii, alegerile și zâmbetul.

CAPITOLUL XXIX

Ne certăm câteodată fără un motiv plauzibil. Alteori mă jigneşte prin anumite atitudini care nu ar trebui să-şi găsească locul între noi. Pentru mine este deranjant faptul că nu înţelege cât de mult mă răneşte prin anumite vorbe sau prin anumite tăceri.

Mai greu este să revenim la starea de iubire după astfel de certuri. Cum poţi alina două inimi rănite? Ştii tu reţeta?

Sunt momente în care iubitul tău, fără să vrea, te jigneşte profund. Prin ceea ce zice sau prin ceea ce nu zice, atunci când ar fi trebuit să nege un anumit fapt sau să te susţină într-o anumită judecată de valoare.

În acel moment te închizi faţă de el şi oricât ai vrea să revii la normal, simţi că nu poţi s-o mai faci. Dacă el nu realizează cât de mult te-a jignit, atunci tu te adânceşti şi mai mult în propria solitudine.

Într-un final el te va întreba ce ai păţit. Îşi va da seama că nu eşti în apele tale. Deşi vei nega faptul că ţi s-a întâmplat ceva, tu nu vei începe să comunici cu el din nou decât atunci când va realiza că a făcut un lucru pe care nu ar fi trebuit să-l facă.

Va încerca să găsească nişte răspunsuri logice la atitudinea ta faţă de el, dar nu le va găsi. Dacă vei vărsa şi câteva lacrimi, îl vei debusola complet. Oricât de mult va încerca să te scoată din acest blocaj emoţional, îi va fi dificil.

Sunt cupluri care nu-şi vorbesc zile întregi când se întâmplă o astfel de situaţie. Mănâncă împreună, dorm împreună, dar nu există nicio punte emoţională între ei. Dacă le intră cineva în casă, ei se poartă civilizat, dar îşi vorbesc fără niciun pic de afecţiune.

Dacă priveşti din exterior nu-ţi vei putea da seama că s-a întâmplat ceva decât dacă le cunoşti bine personalitatea amândurora. Se formează o răcire emoţională între ei. Bărbatul, neînţelegând ce se întâmplă şi nemaisuportând ifosele femeii, se îmbufnează şi el.

Veţi începe să vă purtaţi ca nişte copii răzgâiaţi până ce unul din voi va accepta că a greşit cu ceva.

În special tu, ca femeie, aştepţi ca el să-şi recunoască acea greşeală.

Împăcarea propriu zisă ţine de capacitatea bărbatului de a rămâne ferm în iubirea pe care ţi-o poartă. Dacă este un bărbat cu un spirit fin de observaţie şi cu un simt al umorului deosebit, îţi va spune câteva cuvinte, se va autopersifla sau va face o glumă atât de bună, încât vei izbucni în râs.

Dacă te ia apoi în braţe şi-ţi spune că te iubeşte, blocajul tău emoţional va dispărea ca prin farmec. Lucrurile astea se întâmplă la nivel exclusiv emoţional. Nu ai cum să le controlezi raţional.

Ştii foarte bine că, în astfel de situaţii, oricât de mult ai dori să-ţi alungi supărarea, nu o vei putea face atunci când vrei tu.

În momentul în care bărbatul ştie să se conecteze la inima ta, te vei vindeca de suferinţă. La nivel subtil, vei recunoaşte faptul că poţi avea încredere în el şi te vei putea abandona din nou în iubire.

Pe de altă parte, dacă iubitul nu are aceste fine calităţi de observaţie şi în schimb este sensibil ca un colţ de perete, atunci starea voastră de tensiune va dura zile întregi.

Uneori, este nevoie de intervenţia unor prieteni pentru a vă „*descongestiona*" relaţia, căci niciunul din voi nu va ceda altfel. Tu, ca femeie, nu vei ceda din orgoliu şi din principiu, iar el nu va renunţa la supărare pentru că nu va accepta în ruptul capului că a greşit.

După ce vă împăcaţi sunt şanse destul de mari să faceţi dragoste, dar numai dacă ambii parteneri au realizat că separarea emoţională de persoana iubită le produce suferinţă.

Actul amoros este ca o întoarcere acasă, un loc ce v-a lipsit enorm în acele zile de supărare.

În definitiv, trecând prin aceste experienţe, veţi începe să vă cunoaşteţi mai bine şi pe voi însevă, dar şi reacţiile partenerului la anumite situaţii şi întâmplări provocate de voi sau de alţii.

De exemplu, dacă bărbatul ştie că la un anumit moment dat se va isca o ceartă, el va putea ieşi din casă câteva ore pentru a se linişti şi pentru a-şi lăsa iubita să-şi recapete echilibrul interior.

Dacă ar rămâne lângă ea, vor începe să-şi spună cuvinte grele care nu ar trebui spuse şi care le vor afecta relaţia pe termen lung.

Asta înseamnă o maturitate emoţională. Asta înseamnă un cuplu care vrea să meargă înainte. Trebuie să înveţe unul de la celălalt nevoia de iubire şi nevoia de dăruire.

Un bărbat cu o conştiinţă liberă şi foarte bine ancorată în realitate, va înţelege nevoia de diversitate emoţională a femeii iubite şi i-o va dărui.

După câteva ore el se va întoarce, o va lua în braţe şi îi va propune să meargă la un film sau la o mică plimbare.

Femeia va înţelege că toate astea sunt făcute de el doar pentru că o iubeşte.

Ambii parteneri vor realiza în timp că doar de ei depinde ca această relaţie să crească sau, din contră, să-şi risipească esenţa.

Ei îşi vor da seama cât de mult pot răni prin câteva cuvinte şi vor alege să tacă.

Ambii parteneri vor înţelege cât de multe lucruri pot oferi

printr-un simplu zâmbet şi, de aceea, îl vor dărui fără ezitare.

    Ambii parteneri vor vedea câtă frumuseţe stă ascunsă într-o strângere de mână şi vor face acest lucru ori de câte ori vor avea ocazia.

    În definitiv, nu asta înseamnă să te implici într-o relaţie?

CAPITOLUL XXX

Dacă simt o dorinţa erotica pentru un alt bărbat, deşi sunt într-o relaţie, înseamnă că am o problemă? Nu-mi ocoli întrebarea, te rog! Nu ştiu cu cine aş putea discuta asfel de lucruri.

Deşi societatea condamnă de multe ori sexualitatea femeilor, aceasta totuşi există.

Dacă subiectul va fi acoperit cu pământ de fiecare dată, nu înseamnă că problema aceasta va dispărea.

Din contră, ea va ieşi la suprafaţă cu mai multă putere decât până acum. Spun *„problemă"*, deoarece societatea a transformat un lucru natural într-o problemă.

Să presupunem că, într-o zi, începe munca la tine în birou un nou coleg. Nu schimbi la început prea multe vorbe cu el, dar are ceva care te atrage. Din punct de vedere erotic. Simţi o dorinţă ciudată pe care nu ai mai simţit-o până acum faţă de un alt bărbat.

Corpul tău se magnetizează în prezenţa lui. Începe să freamăte de energie.

Cu cât intri mai mult în discuţii cu el şi cu cât începeţi să vă cunoaşteţi mai bine, cu atât atracţia ta faţă de el este tot mai puternică.

Indiferent că eşti într-o relaţie sau nu, dorinţa există. E ceva ce ţine de nivelul energetic al corpului. Nu vrei tu să se întâmple asta, ci se întâmplă.

Încerci să eviţi gândul senzual care nu-ţi dă pace, dar el revine cu o forţă tot mai mare. Dorinţele pe care încercăm să le ignorăm rămân în subconştient, iar ele vor lovi atunci când ne vom aştepta mai puţin.

Pentru a elimina o dorinţă trebuie ori să-i înţelegem sursa care a produs-o, ori să-i dăm satisfacţie.

Dacă vei încerca să ignori dorinţa şi s-o ascunzi, aceasta îţi va oferi frustrare. Această frustrare te va face antipatică şi tensionată. Mentalul tău îţi va inventa fantezii pe care vei simţi nevoia să le satisfaci într-un fel sau altul.

Ce înseamnă să înţelegi sursa dorinţei? Înseamnă să o accepţi ca pe o dorinţă şi să realizezi că ai avut nevoie de ea pentru a te înţelege pe tine, deci pentru a progresa.

Orice dorinţă poartă un dar pentru noi.

Ţie, ca femeie, de multe ori îţi va fi greu să accepţi că poţi avea impuls sexual pentru un alt bărbat decât cel căruia i-ai jurat credinţă.

Îţi va fi greu să accepţi, dar nu din cauza ta neapărat, ci din cauza condiţionărilor impuse de regulile sociale.

Societatea este condusă de bărbaţi şi, într-un mod deloc

paradoxal, sexualitatea bărbaților este acceptată ca fiind cea normală. Ei au voie să discute despre erotism și despre nevoi sexuale.

Tu, ca femeie, nici nu poți să deschizi bine subiectul că vei fi repede catalogată de către cei din jur. Ți se va pune și o etichetă mare pe care știi bine ce va scrie.

Să revenim la exemplul de mai sus cu acel coleg.

Ai posibilitatea să accepți și să te bucuri de faptul că simți această dorință erotică. Fii fericită că te face să te simți vie și plină de energie proaspătă.

În același timp trebuie să înțelegi că trebuie să schimbi ceva din punct de vedere al relației dintre tine și partenerul tău. O parte a ființei tale nu este împlinită. Acesta este motivul pentru care simți impuls erotic față de colegul tău. El are ceva ce partenerul tău nu vrea sau nu știe să-și dezvolte.

Ține minte un lucru: dacă vei începe să-ți găsești sentimente de vină pentru ceea ce simți, nu vei reuși să scapi de dorință. Din contră, aceasta te va controla tot mai tare.

Și, bineînțeles, mai este o posibilitate: să dai curs dorinței prin satisfacția ei în mod direct, dacă și colegul tău își dorește același lucru.

Decizia îți va aparține în totalitate, iar consecințele acțiunilor tale ți le vei asuma, de asemenea.

Eu nu sunt în măsură să decid pentru altcineva ce este bun și ceea ce este rău.

În această carte doar exprim și explic realități pe care le trăim cu toții.

Eu sunt responsabil, de asemenea, de propriile mele alegeri. Uneori alegem într-un anumit fel, gândindu-ne că este calea înțeleaptă. Ea chiar este înțeleaptă la momentul prezent, dar în timp se dovedește a fi fost o proastă decizie.

Asta face parte din frumusețea și misterul vieții, nu?

Notă:

Aș dori să fie bine înțeles faptul că nu instig pe nimeni la infidelitate. Așa cum nu recomand cu insistență nimănui să rămână într-o sau să plece dintr-o relație disfuncțională.

CAPITOLUL XXXI

Am tot auzit de această ,,inteligență emoțională". Ce este ea și cum putea ajuta pe noi, femeile, să ne înțelegem mai bine propria viață sau să facem alegerile cele mai inspirate în ceea ce privește relația de cuplu?

Prin natura lor femeile sunt mai sensibile decât bărbații. Corpul lor emoțional este mai bine dezvoltat și percep emoțiile din jur cu o mare ușurință.

Pentru a interpreta corect aceste emoții, avem nevoie de așa numita inteligență emoțională.

Trebuie să acceptăm faptul că nu oricine se poate lăuda cu o astfel de inteligență. Capacitatea de a comunica ușor, capacitatea de a simți arta cu fidelitate, capacitatea de a înțelege când faci ceva penibil sau nu, capacitatea de înțelege cu exactitate ceea ce vrea un interlocutor să-ți transmită, toate astea sunt o expresie a inteligenței emoționale.

Copiii au și ei acest corp emoțional dezvoltat. Ei simt emoțiile, dar nu le pot interpreta corect, căci le lipsește aceeași inteligență emoțională care nu se regăsește nici în ființa anumitor oameni maturi. Pentru a se dezvolta armonios acest tip de inteligență în trecerea de la copilărie la maturitate, este nevoie să fie îndeplinite câteva condiții.

„Fiecare copil este un artist. Problema este cum să rămână un artist și după ce va crește." ***spunea Pablo Picasso.***

Această capacitate a copiilor de a simți emoțiile din jur se poate pierde treptat din cauza concepțiilor împrumutate de la alții sau din cauza părinților care-i pot îndruma greșit.

Mulți copii ajung adulți nefericiți, deoarece trăiesc o viață pe care și-au dorit-o cu totul altfel. În timp, ei vor ajunge să accepte un adevăr relativ: *„Asta e! Voi merge pe acest drum, deși nu îmi place. Oricum, nimeni nu face cu adevărat ceea ce-i aduce fericire".*

Ce putere are un copil să-și convingă părinții că pe el l-ar face fericit să picteze decât să studieze la Facultatea de Drept niște concepții și niște legi pe care nu le respectă oricum cei care ar trebui să o facă? Cât de mult se va închide acest copil când va realiza că cei care trebuie să asigure respectarea legii sunt cei mai dispuși să o încalce? Și mai presus de asta, nu vor fi niciodată pedepsiți pentru acest lucru.

Personal am înțeles acest lucru în anul al III-lea al acestei facultăți când un profesor rostea cu emfază, de la înălțimea catedrei, faptul că nimeni nu este mai presus de lege. M-a pufnit râsul și i-am spus că asta este o teorie evidentă, iar o minciună repetată la nesfârșit nu se va transforma în adevăr.

Acel pedagog continua să insulte inteligența unor tineri cu această minciună și cu acest aplomb bolnav.

M-am gândit că nu ar fi sănătos pentru mine să aprofundez niște concepții moarte și desuete doar de dragul de a câștiga o diplomă oferită de niște lefegii care se numeau profesori și care schilodeau spiritul unor studenți cu aceste minciuni.

M-am gândit: *„Pentru ce să mă chinui să duc o viață nefericită?"*. Am ales ca din acea zi să renunț la frecventarea acelei așa zise școli. Mă bucur că am reușit să-mi protejez propriul meu adevăr.

Probabil că unii dintre foștii mei colegi sunt acum avocați, procurori sau judecători. Sunt sigur că sunt mândri de asta. Eu am preferat să-mi caut o altă cale.

Vreau să clarific un lucru: eu nu îndemn pe nimeni să părăsească școala. Dar îndemn pe oricine să nu trăiască într-un mediu care-i intoxică sufletul și mintea. Fiecare alege să trăiască propriile experiențe.

Să revenim la exemplul copilului care iubește pictura:

Ce emoții ar putea să mai exprime în exterior un copil devenit acum adult când el va ajunge să muncească într-un sistem mânat de profit și de false aparențe? Un sistem în care sunt aplaudați cel mai tare oamenii care sunt lipsiți de orice scrupule?

Dacă acest copil va putea rămâne fidel propriului adevăr, el va încerca pe cât posibil să mai picteze în timpul lui liber, atât cât îi va mai rămâne. Va simți nevoia să se echilibreze emoțional.

În timp se va crea o confuzie în mintea și în ființa lui care îl va conduce spre angoase și frustrări.

Cum se poate dezvolta această inteligență emoțională? Sau spus altfel: cum se poate dezvolta această sensibilitate?

Studiind cât mai mult frumosul, arta. Apreciind cât mai mult valoarea. Ascultând multă muzică de calitate, citind mari opere literare, mergând la teatru, studiind istoria artei și viața marilor artiști, adică, zeii emoțiilor.

Sunt tot mai puțin oameni dispuși să-și dezvolte această capacitate, căci, în realitate, o astfel de sensibilitate nu-ți aduce nimic bun. Din contră, vei suferi și mai mult văzând câtă insensibilitate există în jur.

Dacă te uiți cu atenție, cei mai bine plătiți cântăreți sunt cei care au o voce de mâna a treia. Numele de artist a început să fie atribuit celor care sunt ceva mai sensibili decât o uşă de lift.

Cei mai apreciaţi scriitori sunt politrucii care scriu doar teme politice şi care servesc intereselor anumitor partide.

Nimic care să înnobileze sufletul!

Totul este comercial şi transformat într-o marfă cât mai uşor vandabilă.

Nu mai doreşte nimeni emoţii. Pentru că ele nu se pot vinde cu uşurinţă.

Femeile, în schimb, au nevoie să-şi menţină standardul emoţional la cote înalte. Numai aşa vor putea alege un bărbat care poate rezona cu sufletul lor.

Cu cât vei avea o inteligenţă emoţională mai bine dezvoltată, cu atât vei avea standarde mai înalte şi te vei respecta mai mult.

Vei prefera să rămâi singură decât să trăieşti cu un bărbat care nu-ţi va înţelege niciodată starea interioară.

Vei observa că acest câmp emoţional este cu uşurinţă perceput şi de animalele de companie. Câinele unui om care emite în permanenţă emoţii bune va fi un câine blând şi prietenos.

Câinele unui om meschin, lipsit de sensibilitate, egoist şi pervers, va fi un câine mereu agitat, pregătit să muşte pe oricare din jur.

Corpul emoţional îşi modifică în permanenţă frecvenţa. Acesta este motivul pentru care ar trebui să stai mereu în preajma oamenilor de calitate. Indiferent cât ai vrea să nu te afecteze, anturajul te va schimba întotdeauna.

Beţivul nu se va simţi bine decât în preajma beţivilor. Dacă îi schimbi mediul, el va deveni recalcitrant, dar în timp el se va schimba.

Sunt exemple de foşti mari actori care au ajuns să fie foarte vocali pe scena politică alături de unii care au făcut mult rău societăţii şi mai sunt şi analfabeţi.

Şi atunci te întrebi: *„Cum Dumnezeu a ajuns un aşa om de calitate alături de unii care nu ştiu să citească?"*. Răspunsul este că acel actor nu mai este omul pe care-l ştiai. Vibraţia lui s-a schimbat. A fost atinsă de vibraţia celor din jur.

Asta s-a făcut oricum, cu voia lui. A preferat să renunţe la o parte din suflet pentru mai mulţi bani sau pentru o funcţie importantă.

Fiecare dintre noi facem alegeri care ne dictează viaţa. Ele ne devin obiceiuri.

Trebuie să înțelegem că în toată această viață pe care o trăim, în tot acest periplu pe care îl facem pentru a explora lumea și pentru a ne culege experiențele care ne vor conduce spre propria evoluție sau involuție, emoțiile ne sunt un aliat puternic.

Dacă te interesează mai mult decât o viață mediocră în care să treci pe lângă fenomene și lucruri interesante fără să le înțelegi esența, atunci ar trebui să-ți dezvolți această inteligență emoțională.

Dacă îți dorești să te îndrepți către propriul tău adevăr, către bărbatul care te merită cu adevărat, către o viață împlinită, acordă mai multă atenție emoțiilor care îți domină viața și oamenilor pe care îi accepți în jurul tău.

Când simți că ai nevoie de mai mult, delectează-te cu multă artă. Cu poezia, cu sunetele instrumentelor atinse de artiști autentici, cu frumusețea peisajelor, cu râsul pur al unui copil sau cu zborul liber al unei păsări.

Caută autenticitatea în tot ce te înconjoară și ți se va schimba calitatea emoțiilor.

CAPITOLUL XXXII

Este mai important cuvântul pe care şi-l dă un bărbat decât cel al unei femei? Eu cred că asta este o calitate a ambilor parteneri de a-şi respecta promisiunile făcute. Tu ce crezi?

Ar trebui să înțelegi că un bărbat nu valorează nici mai mult nici mai puțin decât cuvântul lui pe care promite că și-l respectă.

Este o alegere tipic masculină aceea de a duce la bun sfârșit o promisiune pe care și-o face față de el, față de lume sau față de femeia pe care o iubește.

Este unul din factorii care conferă personalitate unui bărbat. Dacă el se modifică în funcție de starea vremii și de interesele pe termen scurt, asta subliniază cât de mare este forța lui interioară.

Istoria ne povestește viața unor bărbați care au fost pregătiți să moară pentru anumite principii. Și chiar au făcut-o!

Cine se mai poate îndoi de un astfel de bărbat? Gândiți-vă cât de repede pot câștiga încrederea unei femei astfel de bărbați.

La polul opus sunt acei băieței care se îmbracă la fel ca niște bărbați. Ei își schimbă opiniile din zi în zi. Îmbrățișează idei diferite de la o săptămână la alta în funcție de propriul interes.

Trebuie să înțelegem și să acceptăm că există și astfel de băieței. Au dreptul lor la manifestare. Însă eu nu pot înțelege de ce unele femei pot sta lângă ei. Probabil că în anumite zile ale săptămânii ei se îmbracă în femei și ele în bărbați. Un echilibru trebuie să existe între ei.

Să nu tragem concluzia de aici că nu există și oameni demni care sunt conduși o întreagă viață de principii morale și de intenții nobile.

Ceea ce gândește un bărbat în interior, el va exprima și în exterior.

Femeile cu o inteligență emoțională dezvoltată, nu vor putea fi păcălite niciodată de un bărbat. Ele vor lăsa cel mult impresia că au fost păcălite.

Dacă puterea de a-și ține cuvântul este ceva tipic masculin, înseamnă că o femeie care nu-și ține cuvântul este mincinoasă? Doar într-un mod aparent.

O femeie, fiind condusă de factorul emoțional atunci când îți spune ceva, este ceea ce simte în acel moment. Iar sentimentele sunt dinamice. Nu rămân neschimbate.

Aici pot interveni așa numitele capricii. Cu cât este mai feminină, cu atât poate deveni mai capricioasă. Asta nu este un lucru rău. Așa se manifestă natura unei femei.

Este un lucru rău doar pentru bărbați, căci ei nu pot găsi nicio soluție logică la aceste valuri de manifestare feminină. Lipsa unui răspuns concret îi scoate din minți.

De câte ori nu vi s-a întâmplat să refuzați avansurile unui bărbat în ultimul moment spunându-i: „*-Nu cred că e bine ceea ce facem*"?

Lucrurile astea dau bătaie de cap bărbaților de toate vârstele.

Cei care nu înțeleg acest joc al energiei feminine se vor enerva și-ți vor reproșa: „*-Dar ai promis ieri că mergem la film!*" sau „*-Ai promis săptămâna trecută că vom merge* amândoi la mare în primul meu week-end liber!".

În principiu, bărbatul are dreptate, dar pentru tine acele promisiuni de săptămâna trecută au fost ca o șoaptă a vântului spusă încet florilor albe de cireș.

Dacă așa ai simțit la momentul acela, tu ai avut dreptate și punct. Cu cât va încerca să-ți scoată în evidență acest aspect, cu atât va avea mai mult de pierdut iubitul tău. Încercând să-ți explice că ai greșit, el va pierde tot mai mult conexiunea emoțională cu tine.

Femeile folosesc limbajul corpului, dar și cuvinte pentru a exprima emoțiile simțite. În alt mod nu ar putea-o face.

Bărbatul aude cuvântul, dar nu înțelege că acest cuvânt a venit însoțit de o emoție. Dacă emoția a dispărut, atunci cuvântul rămâne gol și sec și nu mai are nicio putere de a crea obligații.

Cuvântul unei femei nu este un contract. Cu atât mai puțin el nu este o promisiune.

Femeile nu sunt mincinoase cu propriul lor adevăr, deși în exterior ele așa pot părea pentru anumiți bărbați.

Femeile vor fi în primul rând fidele propriilor emoții și sentimente. Ele se vor lăsa conduse de acestea.

Bărbații își schimbă uneori planurile pentru a-și mulțumi iubitele, iar apoi ajung să le învinovățească, deși ele nu au nicio vină directă.

Un bărbat trebuie să învețe să iubească o femeie cu toate aceste sensibilități emoționale, cu toate aceste capricii și cu toate aceste schimbări de planuri.

Bărbatul care este bine ancorat în propria conștiință și în propriul lui scop, nu va fi afectat de aceste energii feminine schimbătoare. Mai mult chiar, îi va mulțumi iubitei lui pentru aceste manifestări care nu sunt decât teste prin care femeia îi încearcă puterea lui de a iubi.

Un bărbat matur va accepta faptul că stările sufleteşti ale unei femei sunt diferite faţă de ale lui.

Un bărbat matur va accepta şi faptul că nu are cum să rezolve din punct de vedere raţional nişte fenomene care au luat naştere prin manifestarea unor emoţii.

Tu vei citi acum aceste rânduri şi îmi vei da dreptate. Dar eu accept şi faptul că peste câteva zile ai putea să nu mai fii de acord cu mine.

Tocmai aici este frumuseţea contrariilor. Eu sunt un bărbat care încearcă să desluşească toate aceste manifestări feminine şi încearcă totodată să le aducă la suprafaţă într-un mod raţional, prin cuvinte.

Cu toate astea, sunt conştient că sunt încă foarte departe de înţelegerea acestui mister feminin care ne guvernează viaţa în cele mai tainice moduri posibile.

CAPITOLUL XXXIII

Putem primi într-o relație mai mult decât suntem dispuși să oferim? Nu mă refer la nimic material, se subînțelege. Putem cunoaște parteneri excelenți dacă noi nu am reușit încă să ieșim din mediocritate?

Poate că ar trebui întâi să ne depășim noi propriile limite și apoi să avem pretenții de la cei din jur. Greșesc cu aceste afirmații?

O femeie care trăiește alături de un bărbat care comunică puțin va tânji după natura comunicativă a unui bărbat.

O femeie care trăiește lângă un bărbat cu o inteligență emoțională medie, va fi mereu fascinată de actorul de pe scenă care poate capta și emoționa cu ușurință un întreg auditoriu, atunci când recită o poezie.

O femeie al cărei iubit nu este deloc interesat de libertatea dansului, va încerca mereu să-l convingă să o ducă în locuri în care se dansează. Poate așa îl va putea determina să acorde și el mai multă atenție mișcării.

În fapt, toate formele de artă sunt provocări ale propriei noastre ființe. De exemplu, un bărbat care și-a dedicat întreaga viață pentru a construi un castel din bețe de chibrit a fost mult mai împlinit decât un bărbat care nu și-a ales niciun drum. Ultimul a trăit în mediocritate.

Din exterior, visul acelui bărbat de a construi un castel din bețe de chibrit poate părea un non-sens pentru cei din jur. Nu și pentru el!

Ceea ce nu înțeleg unii este că pe măsură ce avansezi pe calea pe care ai ales-o, ți se revelează aspecte și mistere ale vieții pe care nici nu le bănuiai că ar putea exista.

Ce vreau să spun este că cel care atinge măiestria în orice domeniu înțelege deodată mai bine și celelalte domenii mult
mai bine decât o făcea înainte să-și găsească drumul.

În exemplul nostru, cel care a terminat de construit imensul edificiu va înțelege mult mai ușor poezia, muzica sau alte subtilități ale acestei lumi.

Asta se datorează faptului că toată disciplina, focusarea și munca depusă l-au ajutat să-și lărgească propria conștiință.

El a ajuns încet-încet în puritatea ființei lui, în sinele lui, îndepărtând val după val așa cum se întâmplă când cureți o ceapă. Fiecare foiță pe care o dai la o parte te apropie tot mai mult de miezul ei.

Sunt femei supărate că nu mai există bărbați cu o conștiință bine centrată. Sunt femei care spun că nu mai există bărbați profunzi. Că toți sunt superficiali. Apoi, unele dintre ele își mai fac o poză în sutien pe rețeaua de socializare.

Eu cred contrariul. Sunt destui astfel de bărbați. Dar și ei sunt atrași de femeile care știu să-i provoace.

În acest Univers funcționează perfect legea reciprocității. Nu putem avea așteptări mai mari de la cineva decât în limita a ceea ce oferim.

Observ o chestiune ciudată. Sau cel puțin așa o văd doar eu:

Când este vorba să ne alegem haine sau bijuterii sau mașini, dacă avem bani, ne repezim la tot ce este mai bun.

Când este vorba despre artă, despre sport sau despre politică apreciem multe persoane mediocre.

Asta înseamnă că nu avem de ce să ne plângem.

Veți spune: „-Bine, bine, dar nu avem cultură muzicală sau literară sau de oricare alt tip!".

Sunt de acord! Dar cine ne oprește să ne dezvoltăm și să câștigăm această cultură?

Preferăm televizorul, dar apoi ne dorim să stăm alături de oameni care și-au depășit limitele. Oameni care s-au dezvoltat și care evoluează în continuu.

Nu puteți găsi bărbatul care poate excela pe toate planurile. Dar îl puteți găsi pe acela care și-a dezvoltat foarte multe laturi ale personalității lui.

Puteți găsi un bărbat care vă poate face să vă simțiți relaxate atunci când ieșiți la o masă și stați de vorbă cu prietenii, căci el va putea aborda cu ușurință niște subiecte de discuție normale, fără să vă facă de râs.

Puteți găsi un bărbat care vă poate provoca să creșteți alături de el.

Puteți găsi un bărbat care a reușit să treacă peste rănile provocate de cei din jur sau de către alte femei pe care le-a cunoscut înaintea voastră.

Un bărbat care știe să vă privească asemenea unei zeițe, nu la fel ca pe o bucată de carne.

Un bărbat care să fie mândru că îl țineți de mână. Și aceeași mândrie să o aveți și voi când vă stă alături.

Un bărbat care știe ce înseamnă bunul gust. Care știe să se îmbrace și care știe să aibă stil, fără a fi vulgar.

Un bărbat care mai deschide o carte din când în când și se bucură că și-a făcut timp și pentru acest lucru.

Un bărbat care se hrănește sănătos și care face sport pentru a se menține sănătos la trup și la nivel mental. Nu pentru a impresiona pe cineva anume.

Un bărbat care să fie un bun amant și care să nu se gândească numai la propria lui plăcere atunci când faceți dragoste.
Eu nu am descris mai sus nouă bărbați diferiți. Am descris un bărbat normal. Un bărbat echilibrat.
Nu vă mai pierdeți frumusețea și strălucirea alături de tot felul de neisprăviți care nu vor face decât să vă risipească cei mai frumoși ani. Căci ei vor profita de tot ce aveți mai valoros, apoi vor merge mai departe fără să privească în urmă.
Nu înseamnă că voi trebuie să rămâneți pe loc și să așteptați împlinirea doar pentru faptul că v-ați născut femei. Nicidecum!
Este nevoie să vă ridicați standardele și să vă dezvoltați personalitatea în mod continuu. Trebuie să studiați cât mai mult, să vă creșteți nivelul inteligenței emoționale, să vă stilați cât mai mult, să vă hrăniți sănătos și să faceți mișcare pentru a vă menține armonioase.
Cu cât vă veți dezvolta mai multe laturi ale personalității, cu atât veți avea surpriza să cunoașteți un bărbat care vă va fascina prin complexitatea lui.
Dar nu o va face pentru a vă impresiona, fiindcă astfel de bărbați nu suferă de atenție. Ei își știu locul.
Natura lui vă va atrage ca un magnet. Vă veți mira cât de aproape era de ochii voștri, dar nu l-ați recunoscut până acum.
A trebuit doar să vă schimbați voi, și lucrurile s-au așezat ca prin farmec

CAPITOLUL XXXIV

Văd uneori anumite cupluri care exprima în jur armonie. Surâsul lor, felul în care se privesc, felul în care se țin de mână pe stradă mă fac să cred că oamenii pot fi cu adevărat fericiți alături de partenerul potrivit.

Sunt și cupluri care nu au niciun pic de eleganță. Nu exprimă nimic natural. Parcă se forțează amândoi să ne arate că sunt fericiți.

De ce oamenii rămân uneori alături de parteneri nepotriviți?

Un bărbat sensibil se va apropia de tine fără să-ți dai seama de acest lucru. Prin felul lui de a fi, vei începe să-l percepi ca fiind *„parte din tine".*
El poate nici nu va încerca să te cucerească. Va deveni pur și simplu o persoană care-ți va intra în suflet atât de ușor, de parcă nici nu vei avea nevoie să-ți activezi acel scut feminin care te ajută mereu să te protejezi de bărbații pe care nu-i dorești.

Vei observa un lucru interesant și ciudat în același timp. În apropierea unei femei, majoritatea bărbaților au o reacție mai mult involuntară: ei încearcă să iasă în evidență în fața ei.

Această ieșire în evidență se face în moduri diferite. Unii dintre ei se vor încorda și vor încerca să își scoată pieptul în față. Alții vor începe să facă unele glume pe seama prietenilor de lângă ei. Unii vor începe să vorbească tare la telefonul mobil. Alții se vor înroși.

Oricât ar fi un bărbat de educat sau orice funcție ar avea, el va începe să se comporte diferit în fața unei femei. Cu cât aceasta va corespunde mai mult gusturilor bărbatului respectiv, cu atât el va încerca să iasă în evidență mai tare în fața ei.

Cert este că în acele momente ei nu mai sunt naturali. Cei care-și păstrează naturalețea în astfel de situații vor avea de câștigat, căci vor putea să comunice ușor cu femeia și vor putea să-i intre în grații.

În clipa în care bărbatul devine tensionat și preocupat de felul în care poate ieși mai ușor în evidență, atunci conștiința lui se închide și pierde din vedere semnele subtile pe care o femeie le folosește involuntar într-o comunicare.

Un bărbat bine centrat în propria conștiință se va simți relaxat. El va înțelege că nu are de ce să-și modifice felul de a fi pentru a impresiona o femeie. Fiind relaxat, el va putea stabili o conexiune mai bună cu aceasta decât în cazul celor care sunt tensionați.

Energia feminină, manifestată prin femeia de lângă el, îl poate face să-și piardă controlul asupra propriilor emoții.

Acest lucru se întâmplă și în plan erotic. O femeie cu sexualitate puternică, deci o femeie care-și controlează și își conștientizează propria feminitate, va domina sexual bărbatul de lângă ea.

În fapt, aceasta este o problemă întâlnită destul de des. Până să-și ducă partenera pe culmile extazului, bărbatul își risipește potențialul sexual lăsând o urmă profundă de neîncredere și dezamăgire în conștiința femeii.

Cu cât un bărbat va fi mai relaxat și mai prezent în propria inimă, cu atât mai ușor el va putea să-și ducă iubita pe cele mai înalte culmi ale plăcerii.

Dacă mai adăugăm la toate astea și egoismul de care dau dovadă uneori bărbații în dormitor, nu ne mai putem mira de ce atâtea femei nu mai au încredere în puterea de seducție a bărbaților.

Femeile reacționează altfel atunci când vor să iasă în evidență în ochii unui bărbat pe care îl plac. Ele încep să râdă mai tare decât de obicei. Își vor trece mâna prin păr într-un stil insiduos chiar. Vor arunca priviri scurte și rapide bărbatului de care se simt atrase.

La ele se activează așa numitul fenomen de fascinație. Mai pe scurt, prezența bărbatului respectiv va exercita fascinație asupra câmpului de conștiință al femeii.

Voi, femeile, discutați de multe ori despre bărbați. Cum se manifestă aceștia, ce își doresc ei cu adevărat, cum pot fi ținuți în frâu mai bine și cum puteți intra în grațiile unora dintre ei mai ușor.

Fiecare dintre voi emiteți judecăți de valoare cât mai apropiate de adevărul vostru. Căci, în funcție de experiența acumulată, ajungeți să înțelegeți mai mult sau mai puțin comportamentul bărbaților.

Uneori spuneți despre un bărbat că este *„foarte masculin"*. Nu știți exact de ce, căci este un bărbat ca și ceilalți, dar conștiința voastră îi simte puterea. Îi simte claritatea scopului și energia degajată de bărbatul respectiv.

Față de acest tip de bărbați vă simțiți atrase!

Alteori, mai spuneți că un bărbat este *„interesant"*. Înseamnă că acesta se apropie cât mai mult de noțiunea de bărbat care ar putea să vă cucerească ușor.

Masculinitatea sau feminitatea sunt niște noțiuni pe care nu le putem arăta cu degetul, dar ele există.

Unii bărbați sunt aproape irezistibili prin șarmul pe care-l proiectează în jur.

Unele femei au o senzualitate și o feminitate în mișcări și în privire încât electrizează majoritatea bărbaților din jurul lor. Chiar dacă ele nu-și propun acest lucru.

Trebuie să înțelegem că energia sexuală este prezentă mai mult sau mai puțin în fiecare dintre noi. Această energie ne face să devenim irezistibili sau, din contră, să trecem neobservați prin mijlocul unei duzine de persoane de sex opus.

Pentru ca o relație să nu fie disfuncțională, partenerii ar trebui să se aleagă și în funcție de acest aspect.

Uneori vedem cupluri frumoase, armonioase. Amândoi sunt strălucitori și plini de viață și, când trec pe lângă ceilalți oameni, parcă timpul se oprește în loc. Sunt ca doi actori de cinema care atrag toate privirile.

Este normal să fie așa. Un bărbat „*macho*", care electrizează femeile în jurul lui, nu se poate potrivi energetic cu o femeie căreia îi este rușine să se dezbrace lângă el.

Sau o femeie plină de senzualitate, o femeie după care întorc toți bărbații capul atunci când ea intră în mall să-și cumpere un set de farduri nu se va putea potrivi cu un bărbat care nu a făcut niciodată să freamăte inima vreunei alte femei.

Eu spun că nu va exista o armonie între ei, nu că nu pot forma un cuplu.

Știm foarte bine că nu toți bărbații și nu toate femeile rămân într-o relație pentru că se armonizează. Din contră, ei vor încerca să-și transforme partenerul în ceva ce nu este.

Sunt cupluri care pun mai mult preț pe avantajele sociale, familiale sau financiare decât pe latura afectivă a relației.

Nu spun că acest aspect ar fi ceva greșit. Fiecare este liber să trăiască așa cum își dorește.

Aici este frumusețea alegerilor. Unii aleg să sufere de dragul unor avantaje care nu le aduc nicio liniște sufletească.

Alții își caută un partener potrivit și nu au norocul să-l găsească și, uneori, din frică de singurătate, intră într-o relație cu o persoană care nu-i poate ajuta cu nimic să evolueze.

Mai sunt și oameni care preferă să rămână singuri toată viața atâta timp cât nu-și găsesc un partener care i-ar putea face să vibreze.

Diferențele dintre noi o fac alegerile noastre. Cei care sunt nehotărâți rămân cu ceea ce nu au ales ceilalți.

Sunt oameni care pun preț pe niște lucruri care nu au nicio valoare din punctul de vedere al altora.

Vedeți câtă frumusețe există în aceste alegeri?

Un fapt este cert: un partener potrivit ne poate ajuta să creștem. Unul nepotrivit, din contră, ne poate da înapoi cu sute de kilometri în drumul nostru spre propria desăvârșire.

Câte femei nu și-au pierdut tinerețea lângă un bărbat căruia nu i-a păsat niciodată că sub palmele primite de la el femeia respectivă și-a pierdut calea către propriul suflet?! Femei care au ajuns doar niște corpuri goale lipsite de esența vieții.

Femei care nu au adunat în această existență decât lacrimi. Atât de multe și atât de amare, încât acestea au devenit o parte a vieții lor de zi cu zi. Au devenit normalitate.

Destine frânte de neghiobi care se autointitulează bărbați. Cu toate că pentru astfel de oameni ar trebui să fie ilegal să poată sta lângă o femeie la mai puțin de zece metri.

Câți bărbați nu au suferit din cauza faptului că femeia pe care o iubeau ca pe lumina ochilor a fugit cu un alt bărbat, iar uneori chiar cu prietenul lor cel mai bun?

De ce trebuie să bruscăm, să jignim sau să ne pălmuim partenerul dacă nu mai vrem să mergem pe aceeași cale cu acesta?

De ce nu lăsăm libere niște inimi care pot bate în dulcele ritm al fericirii alături de un alt om care le poate oferi ceea ce noi nu am putut fi capabili să le dăruim niciodată?

Dacă noi nu am fost în stare să le dăruim iubire, de ce trăim cu impresia grotească și greșită că altcineva nu ar putea să le facă acest dar?

Când vom învăța să oprim această nebunie? Când vom înțelege că nimeni nu ne aparține?

Dacă nu putem dansa cu cineva, de ce continuăm să călcăm acele picioare care ar putea foarte bine să-și găsească armonia pașilor alături de un dansator mai bun decât noi?

Suntem semințe care pot înflori alături de oamenii potriviți. Lângă cei nepotriviți vom rămâne doar la stadiul de semințe. Ura, țipetele și reproșurile primite nu vor avea puterea să ne ajute să ne desfacem.

Incapacitatea noastră, de a deveni flori, este un preț prea mare pe care nu merită să-l plătim nimănui.

Uneori, acest preț îl plătim din frica de a nu rămâne singuri.

Dar singurătatea este infinit mai frumoasă decât traiul alături de o persoană care ne reduce puterea de exprimare și care încearcă să ne transforme din ființe în lucruri.

CAPITOLUL XXXV

Sunt cu un bărbat de ceva timp. Nu pot spune că sunt fericită, dar măcar nu mai simt ca o povară singurătatea. Comunicăm bine, mă respectă, dar totuşi lipsesc „sarea şi piperul". Nu are acel ceva care să-mi dea siguranţa că trăiesc o relaţie profundă şi irepetabilă de iubire.
    Simt că nu mai am putere să discern ce este bine şi ce nu. Ai putea să-mi adresezi câteva rânduri?

Esența ta feminină are mereu tendința de a compara bărbații pe care tu i-ai cunoscut.

Chiar dacă nu ai fost împlinită cu adevărat de niciunul din ei până acum, totuși tu vei ști care bărbat s-a apropiat cel mai mult de sufletul tău.

Uneori vei alege să trăiești singură, sperând că vei întâlni cândva partenerul care se va identifica perfect cu inima ta sau vei alege să-ți petreci timpul cu bărbatul care s-a apropiat cel mai mult de adevărul din tine.

Teama de singurătate te va îndemna să faci mai degrabă cea de-a doua alegere.

Prezența lui îți va oferi o viață „*călduță*", o strângere de mână care nu va fi foarte erotică, ieșiri la cinema, petreceri de ziua prietenilor și poate câteva concedii în care, cel puțin, nu te vei duce singură.

Această viață mediocră o vei simți ca o desfătare și în același timp ca o greutate pe care trebuie să o porți tot timpul pe umeri.

În ochii celor din jur, vei fi o femeie împlinită. În ochii tăi vei fi o femeie care nu a cunoscut cu adevărat iubirea deși, undeva adânc în tine, o voce îți spune că iubirea există.

Numai că nu are cine să te învețe cum să ajungi la ea. Nu are cine să-ți arate drumul pe care l-ai putea avea de parcurs pentru a o cunoaște. Ai fi dispusă la mari sacrificii pentru asta, dar nu știi cum s-o faci.

Bărbatul de lângă tine ți-a câștigat respectul, dar nu ți-a câștigat încrederea, nu ți-a câștigat curajul de a te abandona complet.

Intuiția îți spune că tocmai în acel abandon, în acea renunțare la plasa de siguranță vei găsi ceea ce cauți de mult timp și anume împlinirea în iubire.

Această renunțare la siguranță nu poate veni de la tine. Ea trebuie să-ți fie inspirată de un bărbat care te poate face să te arunci înainte, dincolo de rațiune și dincolo de orice sfat primit de la cei din jur.

Bărbatului de lângă tine nu i te vei dărui cu toată ființa ta, deoarece nu este suficient de profund pentru a înțelege și a accepta în totalitate darurile tale.

Un astfel de bărbat îți poate deveni un tovarăș bun din punct de vedere social. Veți împărți cheltuielile și veți face planuri împreună. Este posibil să fie chiar un bărbat care nu-ți iese din cuvânt.

Cu toate astea tânjesti după acea forță masculină care să te poată scoate în afara oricăror reguli. Acea forță care să te conducă, fără să-ți pese unde vei ajunge. Să poți să renunți și tu măcar odată la toate grijile zilnice care te consumă încet.

Să poți să uiți de imperfecțiunea acestei lumi și de tot efortul pe care trebuie să-l depui mereu pentru *"a nu ieși din rând"*. Tot efortul depus pentru a-ți păstra eticheta.

Nu ai nevoie de bărbatul rigid care trăiește după șabloane. El nu va fi capabil să te conducă spre aspecte și mistere ale vieții la care multe femei visează.

Poți găsi bărbatul bun de care mama este foarte mândră, dar care țíe nu-ți oferă extraordinarul și fascinația de care ai nevoie.

Draga mea cititoare! Indiferent că ești mama unei tinere domnișoare sau poate că ești o tânără femeie curtată de mai mulți bărbați, știi foarte bine că genul de bărbat pe care o femeie îl dorește este diferit de genul de bărbat pe care o mamă l-ar vrea pentru fata ei.

Femeia are nevoie de bărbatul imprevizibil, supus doar propriilor reguli. Bărbatul centrat în propria conștiință. Nicidecum bărbatul care se lasă ușor mutat dintr-o parte în alta pe această mare scenă a vieții.

Mama, din contră, are nevoie pentru fata ei de bărbatul previzibil, supus regulilor. Bărbatul ascultător, manipulabil care nu iese din decor niciodată. Un astfel de bărbat poate oferi siguranță fetei ei.

Cel care este supus doar propriei conștiințe este un bărbat care poate oricând să plece cât mai departe pentru a-și urma propriul scop. Fata ei ar putea suferi enorm în urma unei relații cu el.

Adevărul este că numai un bărbat stăpân pe propria viață poate fi iubit de o femeie. Știi foarte bine asta!

Sunt atâția bărbați care trăiesc prin ceea ce-și doresc părinții sau frații sau oamenii din jur.

Sunt atâția bărbați care, deși ajunși la o vârstă înaintată, nu au demonstrat încă nimic nici lumii, dar nici față de ei înșiși. Cu toate astea, ei doresc respect și iubire.

Când sunt părăsiți încep să se tânguie și să jignească femeile fără să înțeleagă faptul că lumea nu le datorează nimic. Cu atât mai puțin le sunt datoare femeile cu ceva.

Dacă părinţii nu le-au refuzat nimic niciodată, asta nu înseamnă că o femeie trebuie să facă la fel. Aici nu se negociază.

O femeie complexă este o sursă de veritabilă putere pentru un bărbat. Dar numai pentru unul stăpân pe viaţa lui.

Ceilalţi nu vor putea vedea apa nici dacă ar sta pe fundul mării.

După ce vei citi aceste rânduri te vei gândi dacă bărbatul care îţi este alături te-a fascinat vreodată cu prezenţa lui.

Este posibil ca tu să fi cunoscut cândva un alt bărbat pe care l-ai iubit cu adevărat, dar el a plecat cu o altă femeie. De atunci ai tot căutat relaţii uşoare, călduţe.

Ai căutat relaţii ce aveau un caracter social cu preponderenţă. Ţi-a fost frică să mai iubeşti. Ţi-a fost frică să te mai deschizi şi să te abandonezi.

Ştii bine că eşti o femeie puternică şi-ţi poţi purta şi singură de grijă din punct de vedere financiar şi social. Cu toate astea, puterea singurătăţii te domină şi îţi vei căuta un partener care să-şi împartă viaţa cu tine, chiar dacă nu este genul de bărbat pe care l-ai dorit vreodată cu adevărat.

Poate eşti o femeie rămasă singură în urma unei relaţii care nu ţi-a adus decât tristeţe. Dacă ai şi un copil vei fi tentată destul de mult să-ţi găseşti un bărbat care te va sprijini în creşterea copilului. Chiar dacă nu este exact bărbatul care ştie să-ţi încânte sufletul. Vei lăsa pe plan secund propria ta împlinire sufletească pentru fericirea copilului.

O femeie poate face asta cu uşurinţă. Femeile sunt capabile de sacrificii pe care bărbaţii nu le pot înţelege niciodată.

Sau poate eşti genul de femeie singură care nu s-a mulţumit niciodată cu puţin şi nu vei putea face vreodată niciun compromis în ceea ce priveşte bărbatul în braţele căruia te vei abandona. El va trebui să te merite cu adevărat. Va trebui să-ţi cucerească inima şi numai atunci când vei simţi că merită să te oferi complet iubirii lui, tu vei intra într-o relaţie.

Indiferent în ce situaţie eşti şi spre ce anume aspiri în viaţa ta, vei atrage către tine bărbatul de care vei avea cea mai mare nevoie, nu neapărat bărbatul pe care-l visezi.

Înainte de orice, trebuie să nu uiţi de femeia din tine. Chiar dacă eviţi să comunici cu ea destul de des, ea nu-ţi va întoarce spatele niciodată.

Indiferent de alegerile pe care le faci, ea nu te judecă.

Este bine să-ți amintești asta în fiecare zi!

CAPITOLUL XXXVI

Cred că bărbații sunt cu ușurință tentați să-și trădeze partenerele din punct de vedere sexual. Nu spun că bărbații ar trebui stigmatizați. Știu personal câteva exemple de femei care-și găsesc diferite plăceri în afara căsniciei.

Ca să nu mai lungesc ideea, spune-mi te rog: crezi că există fidelitate cu adevărat în sensul ei absolut?

„Fidelitatea nu are nimic în comun cu natura umană: tinerii vor să fie fideli si nu sunt, iar bătrânii vor să fie infideli si nu pot."
Oscar Wilde

Una dintre problemele cele mai importante, care vă deranjează la bărbați și pe care o dezbateți de când vă știți, este lipsa lor de statornicie.

Fiind conduși de propria lor sexualitate, mulți bărbați pot fi definiți cu succes prin expresia populară: *"Hormonul bate neuronul"*.

În principiu, se pare că această cugetare a fost inventată pentru a sublinia un defect al bărbaților. În aparență așa este, dar să nu fim pripiți la judecată.

În capitolul al XXX-lea am tratat acest subiect al sexualității și din punctul de vedere al femeilor. Diferența era că un bărbat este atât de mult controlat de pasiune, încât uneori renunță la cămin și la familie pentru o altă femeie.

Femeia renunță la familie pentru un alt bărbat doar dacă îl va iubi, nu pentru că va fi doar atrasă sexual de un altul. Chiar și așa, o femeie, foarte rar, va renunța la proprii copii.

Știm cu toții cazuri de bărbați care nu au mai vrut să știe nimic nici de copii și nici de soție după ce au gustat din

fructul oprit pe care o altă femeie i l-a dăruit cu nonșalanță.

Pentru un bărbat, fructul oferit de o altă femeie este mai dulce și mai copt decât cel pe care-l poate avea oricând de la cea care i-a fost alături ani de zile.

Adevărul este că fructul oferit de o altă femeie nu este mai dulce, dar este mai interesant. Un bărbat este condus de impulsul biologic de a cuceri cât mai multe femei și de a-și asigura perpetuarea speciei.

Cu cât un bărbat este mai puternic, însemnând un bărbat cu personalitate puternică, independent financiar și stăpân pe propria viață, cu atât el va simți nevoia de a cuceri sexual cât mai multe femei.

Culmea este că și femeile sunt atrase biologic de un astfel de bărbat.

Numai o femeie puternică, însemnând o femeie senzuală, liberă de prejudecăți, independentă financiar și inteligentă, va putea ține *"în frâu"* un asfel de bărbat.

Sunt numeroase exemple în care la deschiderea testamentului, după moartea unor mari artiști ori oameni politici influenți sau a unor bărbați care au creat afaceri de mare succes, să apară cu pretenții de avere un număr deloc neglijabil de femei care

pretindeau că au un copil cu bărbatul respectiv.
Deci realitatea ne demonstrează că nu (prea) bat câmpii cu ceea ce spun.
În timpul vieții, se pare că acești bărbați le asigură tot sprijinul financiar familiilor nelegitime. Problemele și scandalurile încep să se țină lanț abia la trecerea în neființă
a respectivului.
Asta înseamnă că bărbații sunt incapabili de iubire față de o singură femeie?
Nicidecum.
Bărbații sunt capabili de relații monogame dacă învață să iubească profund întreaga ființă a femeii. Nu doar fundul, sânii, picioarele și buzele ei.
Asta nu înseamnă că bărbații ar trebui denigrați pentru ceea ce sunt. Pur și simplu natura își urmează cursul. Dorința de perpetuare a speciei este înscrisă în codul lor ADN.
Fidelitatea unui bărbat se raportează în mare parte și la femeia care-i este parteneră de viață. O relație înseamnă o creștere continuă a ființei celor doi pentru a se împlini armonios pe toate planurile.
Nu spun că toți bărbații sunt nestatornici cum nu spun nici că toate femeile sunt statornice din punct de vedere erotic.
Dacă observați cum se manifestă unele femei la un spectacol de striptease masculin, veți începe să vă îndoiți și de impulsul sexual feminin.
Este adevărat că femeile sunt infidele mai mult la nivel mental decât fizic.
Adică, trec mai greu la fapte!
Dar dacă tu, ca femeie, ești chinuită noaptea de dorințe sexuale pe care le ai pentru vecinul de la etajul cinci, înseamnă că ești fidelă? Uneori poți avea aceste fantezii cu un alt bărbat chiar și în timp ce faci dragoste cu partenerul
tău.
Această energie este vie și dinamică, iar, pentru a fi echilibrată în propriul nostru corp, avem nevoie de partenerul potrivit.
Haideți să vă spun ce înseamnă un partener ideal!
Gândiți-vă că, într-o bună zi, un prieten îți spune că-ți face cadou un bilet pe primul rând la spectacolul unei trupe de muzică pe care o iubești nespus. La fel de bine, nu știi cum a făcut rost

prietenul tău de acest bilet, căci oficial nu are nimeni nicio şansă de a procura unul. Mai ales în primul rând de lângă scenă.

Câtă grijă vei avea de acest bilet până în ziua începerii concertului? Biletul devine cu atât mai important pentru tine cu cât ştii că ai avut norocul să faci rost de el. Nu ai da nimănui acest bilet, căci el te face fericit, el a devenit deja parte din tine.

Zilele tale deja sunt mai bune de când ai intrat în posesia lui.

Aşa vei simţi şi când vei găsi partenerul care te face fericit. Nici nu-ţi va trece prin cap să-l trădezi, căci ar fi o nerozie din partea ta să alegi pe cineva care este sub nivelul partenerului tău.

Pentru tine, el va deveni şi linişte şi provocare, şi finit şi infinit, şi Alfa şi Omega.

Este un partener pe care nu-l găseşti uneori într-o viaţă de om. Cum ai putea să renunţi la el sau să-l înşeli? Acest gând nici nu ţi-a trecut vreodată prin cap.

Acum, că ai citit ceea ce am scris, ai conştientizat acest gând al infidelităţii, dar l-ai lăsat să treacă aşa cum a venit. Asta numai dacă trăieşti lângă partenerul potrivit.

Cu siguranţă nu vei renunţa tu la acest bilet pentru nimic în lume..

CAPITOLUL XXXVII

Iubitul meu s-a tot obişnuit să uite de ziua mea de naştere sau de aniversarea noastră. Oare nu-i mai pasă de mine? L-am tot apostrofat pentru acest lucru, dar parcă îl îndepărtez şi mai tare. Mi-ar plăcea mult să-şi aducă aminte de aceste evenimente.

Uneori vei putea trăi o experiență neplăcută. Iubitul tău va uita de ziua ta de naștere sau va uita de faptul că ați făcut trei ani de la prima întâlnire. Sau doi ani de când locuiți împreună.

Nu contează eticheta evenimentului în sine. Deranjant este că el a uitat! Această uitare tu o vei traduce prin nepăsare.

Alteori, își va aduce aminte, dar nu din proprie inițiativă, ci pentru că va fi sunat de un prieten sau mai degrabă de o prietenă comună, ca să vă felicite pentru frumoasa voastră relație.

Dacă el va recunoaște că altcineva i-a adus aminte de acest lucru, ți se va părea și mai dureros. Realitatea faptului că niște prieteni și-au adus aminte de eveniment va face un contrast și mai mare cu nepăsarea iubitului tău.

Mai bine nu-i mai aducea aminte nimeni de nimic decât să te sărbătorească atunci când îl trag alții de mânecă.

În astfel de momente poți plânge, poți deveni furioasă, poți să trântești ceva sau poți să pleci la shopping.

Emoția negativă pe care o simți în acele momente te poate copleși.

Este incredibil ce preț mic pune el pe relația voastră. Așa gândești tu!

Realitatea este că pentru un bărbat lucrurile astea nu au o mare importanță. Nu pentru că tu contezi mai puțin în ochii lui, ci pentru simplul fapt că sunt puține evenimente pe care bărbații le pot transforma în sărbătoare.

Dacă a câștigat echipa favorită un campionat, chiar este un motiv de bucurie.

Dacă și-a cumpărat mașina sport pe care o visa de zece ani iar este un motiv de a celebra un eveniment.

Faptul că au trecut doi ani de când vă cunoașteți nu-l mișcă atât de mult, pentru că în mintea unui bărbat aceste lucruri țin de latura feminină.

Dacă vei observa, nici ziua de naștere a prietenilor nu prea o ține minte.

Bărbații își aduc aminte de aceasta atunci când sunt sunați de sărbătoriți pentru a fi chemați la o bere sau la o sticlă de vin. Abia în acele momente încep și ei să ureze viață lungă și fericită prietenului.

Următorul an se va întâmpla la fel. Se supără ei pentru acest lucru? Nicidecum! Dacă berea va fi caldă, da! Asta ar fi motiv de supărare.

Pe de altă parte, tu, ca femeie, nu ar trebui să depinzi în ceea ce priveşte sărbătorirea vieţii şi a unui eveniment de nimeni altcineva în afară de tine. Ar trebui să-ţi dea cineva startul, ca să poţi să te bucuri de faptul că astăzi au trecut patru ani de la începerea unei noi experienţe din viaţa ta?

Bucură-te şi fii recunoscătoare că poţi să radiezi iubire în fiecare zi a vieţii tale. Nu numai la anumite evenimente.

Ai observat cât de diferite sunt femeile de ziua internaţională a lor? Nu ştiu cum se face dar parcă au o strălucire aparte fiecare din ele.

Femeile nu devin luminoase în acea zi datorită faptului că le respectă mai mut bărbaţii din jur, ci bărbaţii încep să fie fascinaţi de faptul că ele îşi găsesc puterea de a manifesta mai multă graţie şi mai multă frumuseţe.

Dacă v-ar spune cineva: „-Hei, fetelor, mâine nu mai sărbătoriţi 8 martie, că bărbaţii au uitat că e ziua voastră!", **vouă v-ar mai păsa de acest lucru? Nicidecum!**

Cu toate astea, voi vă faceţi griji pentru că iubitul uită uneori de aniversarea voastră.

Începeţi să vă gândiţi: „Oare are pe altcineva?", „M-am îngrăşat cumva şi nu-i mai plac?", „Ar trebui să-mi schimb parfumul?", „De la o vreme oricum pare mai distant cu mine!".

Toate aceste griji vă îndepărtează de voi însevă şi vă produc o nefericire care nu are nicio substanţă reală.

Dacă tot vreţi să-şi aducă aminte de eveniment, puteţi să pregătiţi o cadă cu spumă şi cu uleiuri parfumate în care să-l aşteptaţi atunci când vine acasă.

Când va dori să vă ţină companie şi să vă atingă, îi veţi spune frumos cu un ton senzual şi fără pic de reproş:

„-Îmipare rău, eu sărbătoresc trei ani de când am început să trăiesc o frumoasă experienţă din viaţa mea. Îmi place să mă felicit şi să mă răsfăţ pentru acest lucru. Dacă ţi-ai fi adus aminte, ai fi primit şi tu atenţia cuvenită. Acum, te rog să mă laşi să mă bucur în continuare de frumoasa mea companie!".

Fără ţipete, fără certuri, fără ameninţări, fără lacrimi în ochi. Eşti o femeie inteligentă şi poţi mai mult decât atât.

Cu o astfel de atitudine îl vei ajuta mult mai mult să reţină faptul că-ţi doreşti atenţie specială la marcarea unui astfel de eveniment.

Sper că ai înțeles ideea!

Lucrurile nu trebuie neapărat să se desfășoare în maniera descrisă de mine. Poți jongla cu multe alte laturi ale personalității și ale senzualității tale pentru a-l face pe iubitul tău să înțeleagă faptul că aceste zile care, deși pentru el sunt niște simple formalități, pentru tine contează foarte mult.

O relație frumoasă nu se cumpără la reduceri de Black Friday, ci se construiește pas cu pas.

CAPITOLUL XXXVIII

Ce ne dorim noi, femeile? Circulă multe glume pe seama acestui subiect. Nu cred că este capabil nimeni să răspundă la această întrebare. Eu sunt femeie și nu știu răspunsul. Ai putea să te încumeți tu să formulezi o părere?

În primul rând, tu ce-ți dorești de la iubitul tău?
Îți dorești să-ți acorde multă atenție. Îți dorești să te facă să te simți specială și iubită.

Este important pentru tine ca bărbatul de lângă tine să te considere senzuală și foarte frumoasă. Poate cea mai frumoasă și mai senzuală femeie din câte a cunoscut.

Ai nevoie de protecție din partea lui. Așa cum ai nevoie și de stabilitate. Mai ales sentimentală.

Ți-ar plăcea ca bărbatul care te ține în brațe să fie extrem de inteligent, iar cu o simplă privire să-ți poată înțelege cele mai ascunse dorințe. Să știe să-ți „*citească*" misterioasa ta lume interioară care de multe ori are o expresie spirituală.

Ai vrea să fii apreciată și susținută în tot ceea ce întreprinzi. Să nu-i fie rușine că-i ești alături și să auzi din când în când că se laudă peste tot cu tine.

Adori ca bărbatul de lângă tine să fie pasional și să-și dorească să te atingă tot timpul. Să-i fie greu să-și țină mâinile departe de tine...!

Ți-ar plăcea să fie ceva mai matur decât tine, ca experiență de viață, și să te poată ajuta să-ți conștientizezi propriile defecte și propriile calități.

Ți-ai dori să-ți respecte și dorința de liniște pe care o simți uneori și să te lase în propria ta solitudine fără ca el să se simtă neglijat.

Adori ca bărbatul de lângă tine să fie responsabil și să-și asume toate fructele rele sau bune ale propriilor acțiuni.

Știi foarte bine că sufletul tău este într-o neobosită căutare de perfecțiune. Din acest motiv, îți plac bărbații care știu să te provoace tot timpul.

Ce tip de bărbat s-ar putea apropia cât mai mult de bărbatul ideal? Păi să detaliem și acest aspect:

Ești fascinată de bărbații interesanți care sunt profunzi în gândire. De aceea îți plac bărbații care te excită din punct de vedere intelectual.

Te atrag artiștii, căci ei au capacitatea de a-ți umple sufletul cu hrană spirituală.

Îți plac bărbații care au o atitudine demnă, verticală și puternică. Cei care nu se lasă conduși de oricine și oricând.

Adori bărbații care emană masculinitate, cei care îți trezesc erotismul.

Admiri bărbații eleganți și manierați.

Te simți atrasă de bărbații rafinați și romantici care au mereu cuvintele bine ticluite. Bărbații care îți spun mereu ceea ce vrei să auzi. Îți place să fii răsfățată din cuvinte și din gesturi.

Cred că este cazul să mă opresc. Sper că am atins în mare cam toate calitățile pe care ar trebui să le dețină un bărbat.

Draga mea cititoare, trebuie să înțelegi că, în practică, un bărbat care să dețină toate aceste calități este o raritate. Nu pentru că este imposibil ca un bărbat să se dezvolte la acest nivel, ci din cauză că pe mulți dintre ei nu-i interesează acest *aspect.*

Ca să te convingi de cele spuse, încearcă să deschizi subiecte din această carte alături de iubitul tău și vei vedea cât de repede își va găsi altceva de făcut.

Și totuși...ce-și doresc femeile?

La o astfel de curiozitate există un răspuns, dar nu unul universal care s-ar putea aplica de fiecare dată când cineva întreabă asta. Răspunsul ar fi foarte diferit de la o oră la alta, de la o zi la alta, de la un anotimp la altul, de la o femeie la o altă femeie.

Ținând cont că femeia este o ființă emoțională, se pot justifica răspunsuri diferite, deoarece spectrul emoțiilor simțite și trăite de ea este diferit. Uneori este chiar antagonist.

Fiecare stare emoțională simțită de o femeie la un anumit moment dat generează în ea niște reacții și niște nevoi specifice.

Emoțiile, prin natura lor, nu sunt constante. Uneori se pot schimba de 20 de ori pe zi, alteori de 40 de ori pe zi.

Pe lângă faptul că sunt „*inundate*" mereu de emoții, femeile mai sunt și selective cu acestea.

Uneori ele pot ține minte lucruri care pentru un bărbat nu au nicio valoare, dar asta nu înseamnă că acele informații nu au o reală importanță pentru reprezentantele frumuseții.

Un bărbat, dacă ascultă o discuție telefonică între două prietene, va observa în primul rând că această conversație pare interminabilă și, în al doilea rând, va observa că femeile nu-și vor transmite mereu o informație clară și precisă.

Ele vor discuta în principiu despre emoții:

Despre *cum s-a simțit* una din ele când a îmbrăcat rochița de acum trei ani despre care credea că nu-i mai mai vine. Despre ce senzație a avut și cât de fericită și de tânără *s-a simțit* știind că, atunci când se îmbrăca în acea rochiță, ea atrăgea privirile tuturor bărbaților.

Despre *cum s-a simțit* una din ele atunci când șeful acesteia i-a spus că este o femeie frumoasă. Despre cât de surprinsă a fost și *s-a simțit* în acel moment, deoarece șeful ei părea un tip asexuat și, de la acea întâmplare, parcă a început să-l privească și ea altfel.

Despre cum *s-a simțit* una din ele atunci când a trecut prin fața ei fostul iubit și care era de mână cu o altă femeie și care, bineînțeles, nu era așa de frumoasă ca ea. Despre cât de mândră *s-a simțit* în acel moment, știind că fostul iubit nu a meritat-o cu adevărat.

Despre *cum s-a simțit* una din ele în vacanță prin Europa și cât de liberă *s-a simțit* în comparație cu zilele obositoare și banale în care mergea la muncă. Despre cât de jignită *s-a simțit* atunci când iubitul i-a spus să nu se obișnuiască prea mult cu acel concediu, căci vor trebui să se întoarcă acasă. Deși *a simțit* că el făcuse o glumă și nimic mai mult.

Despre cum *s-a simțit* una din ele atunci când și-a cumpărat acea bluză de culoare turcoaz, culoare pe care nu o credea a fi compatibilă vreodată cu tenul și ochii ei, dar s-a înșelat atât de mult. Despre cum a văzut-o iubitul ei și i-a spus că o prinde foarte bine culoarea albastră, iar ea nu a pierdut energia ca să-i explice că acea culoare se numește altfel și, deși l-a corectat de mai multe ori pe aceeași temă, rezultatul a fost egal cu zero.

Se recunoaște vreuna din voi în descrierea de mai sus?

Unele vor spune da, altele vor spune nu. Oricum, ați înțeles ideea.

Discuția dintre doi bărbați este foarte scurtă și obiectivă. După ce se înjură amical de vreo două ori și-și subliniază defectele fizice, în general burta și gușa, ei fixează o oră de întâlnire și asta este cam tot.

În clipa în care nu mai este „*alimentată*" cu emoții, femeia se plictisește teribil. Iar în acel moment devine apatică. Nu prea-i mai intri în voie cu ușurință.

Emoțiile pot fi preluate cu ușurință din mediul înconjurător atunci când femeia se delectează cu un peisaj care îi taie răsuflarea sau atunci când ea simte căldura soarelui pe piele, după câteva zile de ploi și ceață.

Însă cele mai multe emoții le poate percepe de la oamenii din jur.

De aceea este foarte important ca iubitul femeii să învețe și/sau să fie capabil de a-i oferi o gamă variată de emoții.

Asta înseamnă că acel bărbat să aibă în primul rând capacitatea de a genera emoții pe care ea să le perceapă. Dacă el nu poate fi un artist, căci poate nu s-a născut în mod natural cu acest dar, atunci ar trebui să fie în fiecare zi cât mai diferit în ochii ei.

Într-o zi poate fi romanticul incurabil care o așteaptă să vină de la serviciu cu o cină și cu niște lumânări parfumate, iar când ea apare pe ușă îi va spune cât este de norocos să aibă alături o așa minune de femeie...!

În altă zi poate fi dedicat mai mult decât de obicei scopului său. Va deveni serios și atent preocupat de treburile personale. Femeia va înțelege că bărbatul de lângă ea nu este un pierde vară, ci este un bărbat cu un plan bine definit și bine centrat în propriul sistem de valori...!

În altă zi poate deveni condus de pasiune și se va transforma într-un amant plin de patos. O va invita la un picnic și apoi, acolo, în mijlocul naturii, va face dragoste cu ea într-o adevărată beție de amor...!

O femeie va urî și va detesta rutina. Uneori, pentru a ieși din această monotonie va putea să-și caute un alt partener capabil de mister și surprize ce pot oferi femeii preaplinul de emoții de care ea are atâta nevoie.

Și totuși...ce-și dorește o femeie?

Nimic mai mult decât bucuria unei clipe trăite cu toată ființa ei, învăluite într-o puternică emoție capabilă să-i dăruiască conștientizarea acestei minunate șanse că s-a născut femeie!

CAPITOLUL XXXIX

Sunt unele femei care parcă nu au niciun fel de scrupule. Îşi folosesc puterea de atracţie într-un mod abuziv, fără să le intereseze că pot răni oamenii din jur. Se pare că astfel de femei ating succesul mult mai repede decât femeile cu pricipii. Crezi că este ceva normal în acest comportament sau fiecare luptă cu ce poate?

Cea mai mare forță pe care tu o deții, este forța de atracție.

Indiferent cât ar arăta de bine un bărbat, indiferent cât șarm ar deține și de oricât de multă prezență de spirit poate să dea acesta dovadă, el nu va avea puterea de atracție pe care o femeie frumoasă și cochetă o poate exercita în jur.

Uneori conștientizezi mai mult această putere de atracție atunci când, fiind la volan, încalci niște reguli de circulație, iar polițistul te iartă pentru aceste greșeli.

Sau atunci când un coleg de muncă îți face un mic serviciu, și nu cere nicio recompensă, ci speră în mod subtil doar să-i mai zâmbești din când în când.

Claxoanele disperate ale mașinilor conduse de unii bărbați subliniază încă o dată forța de atracție pe care o femeie o are asupra celor din jur.

Ceea ce faci cu această putere de atracție, te privește. O poți folosi în propriul avantaj și în mod extrem de egoist sau poți să nu ții foarte mult cont de ea. La nivelul inimii tale ești conștientă că, folosind această forță în interes pur personal, te faci vinovată de manipulare.

Știm cu toții atâtea exemple de femei care au despărțit bărbați de familiile lor, folosind exclusiv puterea de atracție. Uneori, aceste acțiuni sunt simple mofturi pe care femeia în cauză își dorește să și le satisfacă, judecând greșit că este superioară celeilalte femei sau crezând că merită din plin favorurile sexuale și financiare de care se bucura până nu de demult soția părăsită.

Știm cu toții atâtea exemple de femei care au obținut un succes uriaș într-o scurtă perioadă de timp în ceea ce privește ocuparea unei anumite funcții, deoarece bărbatul care-i putea facilita accesul la aceasta a căzut pradă senzualității femeii respective.

Până să-și dea seama cei din jur ce se petrece, acest secret era cunoscut numai de cearșafurile albe de satin ale patului pe care-l împărțeau cei doi amanți.

Trebuie să înțelegi un lucru: puterea ta de atracție este fenomenală, dar un bărbat care devine un sclav al senzualității tale, este un bărbat slab.

Nu vei putea iubi niciodată un astfel de bărbat care îți oferă în schimbul prezenței tale foloase de natură materială sau avantaje care iau forma unor funcții invidiate de cei mulți.

În timpuri străvechi marii luptători trimiteau adversarilor femei foarte frumoase şi senzuale în noaptea care preceda o mare bătălie. Dacă acestea erau refuzate şi femeile se întorceau înapoi, respectivul războinic ştia că adversarul său este un bărbat puternic.

Dacă nu se întorceau, ştia că adversarul este un bărbat slab, ce cade foarte uşor pradă instinctelor sexuale.

Dragă cititoare, trebuie să înţelegi că cea mai puternică armă pe care o femeie o poate deţine este arma senzualităţii şi a erotismului.

Tu ştii foarte bine că un bărbat care este cu uşurinţă dominat de impulsurile sexuale este un bărbat slab. Nu poţi iubi un astfel de bărbat, dar poţi învăţa să-l manipulezi după propria ta dorinţa.

La fel cum tu îl poţi manipula, aşa poate face orice altă femeie.

De aceea am explicat în capitolul al XXXVI-lea că într-o relaţie este importantă potrivirea erotică între parteneri. Un bărbat, care este uşor de manevrat din punct de vedere sexual, înseamnă că este un bărbat uşor de dirijat şi din punct de vedere spiritual.

Şi aşa cum tu îl vei jongla după propria voinţă, aşa îl va jongla şi viaţa.

Bărbaţii care-şi pun amantele în funcţii cheie, deoarece beneficiază noaptea de căldura coapselor acestora, îşi poartă denumirea greşită de bărbaţi. Ambii parteneri vor trăi o relaţie disfuncţională.

Nu este nimic rău să iubeşti şi să faci dragoste cu o femeie. Dar nu este nimic armonios în a oferi o funcţie unei femei pentru favoruri sexuale. Este un troc bolnav. Femeia respectivă nu va avea pregătirea şi viziunea necesară a ţine în frâu responsabilitatea funcţiei, iar el, ca bărbat, se va minţi singur, căci fără acest favor femeia respectivă nu s-ar uita la el niciodată.

Sunt penibili astfel de bărbaţi care, deşi de multe ori sunt trecuţi de prima tinereţe, vor să-şi demonstreze ce bărbaţi irezistibili sunt, deşi ei nu au fost aşa nici când aveau treizeci de ani.

Puterea de atracţie a unei femei este foarte mare. Ea poate cere unui bărbat avantaje sociale în schimbul acestei puteri sau o poate folosi pentru propria dezvoltare alături de un bărbat pe care ea-l iubeşte.

Dacă îţi vei folosi forţa de atracţie pentru scopul nobil al iubirii, vei atrage alături de tine un bărbat care te va putea echilibra pe toate planurile fiinţei.

Senzualitatea ta, mişcările uşor lascive ale trupului tău,

goliciunea ta, frumuseţea ta, toate acestea pot fi daruri oferite bărbatului iubit fără speranţa unei recompense.

El dacă va şti să te iubească, îţi va putea oferi mai mult decât orice alte avantaje sociale: el te va ajuta să-ţi deschizi inima şi să cunoşti împlinirea pe care o căutai de atâta timp.

Pentru un bărbat profund, lipsit de superficialitate, toate aceste daruri ale tale sunt adevărate opere de artă pe care le va preţui la adevărata lor valoare.

Graţia ta, privirea strălucitoare din ochii tăi, formele tale care fac să precipite respiraţia bărbaţilor şi puterea ta de a iubi sunt adevărate comori pe care tu le capeţi la naştere, căci eşti femeie.

Ce alegi să faci cu ele, asta depinde numai şi numai de tine.

CAPITOLUL XL

Simt că mi-am risipit frumusețea din cauza problemelor și grijilor de zi cu zi. Am renunțat la toate pasiunile mele pentru a face fericit un bărbat care m-a părăsit pentru o femeie mai tânără. Am un gust amar și simt că mi-am ratat întreaga fericire, pentru că nu am știut să fiu mai egoistă. Spune-mi câteva cuvinte, te rog! Poate așa îmi regăsesc speranța pe care am pierdut-o undeva

Indiferent că ești o femeie tânără sau o femeie care singură a încetat să se mai considere astfel, vei observa un aspect pe care nu-l vei putea contesta.

Este un adevăr ce nu poate fi contrazis. Acesta este următorul:

Bărbații se simt foarte atrași de femeile tinere. Privirea lor strălucitoare, zâmbetul lor care nu este compromis încă de minciunile acestei lumi, speranța pe care o emană prin fiecare por al ființei, energia lor proaspătă care este manifestată în jur, toate acestea fac să pulseze mai tare inima bărbaților.

Cu cât un bărbat are o esență masculină mai puternică, cu atât va fi atras mai mult de această energie feminină revi- gorantă.

Adevărul este că magnetismul femeii nu constă în vârstă, ci în capacitatea de a-și menține vie și nealterată esența ei feminină.

Știți foarte bine că sunt femei nu prea tinere care au un magnetism puternic, iar prezența lor pune cu ușurință un bărbat în dificultate.

La fel de bine sunt femei tinere care nu exprimă nimic în exterior din punct de vedere senzual. Ele nu pot atrage prea mult bărbații indiferent cât de mult și-ar dori acest lucru.

Ce se întâmplă, de fapt?

Degeaba ai un corp tânăr dacă în exterior manifești mereu anxietate, griji și nemulțumire. Aceste stări îți blochează circulația liberă a energiei interne, iar în exterior nu vei manifesta decât o dispoziție neplăcută pe care nu ar vrea să o cunoască niciun bărbat.

Toate responsabilitățile pe care o femeie le preia de-a lungul vieții vor lăsa o amprentă puternică asupra ei.

Știți și voi destule exemple de femei ce spun despre alte femei, care arată bine și care emană o energie proaspătă și neschimbată de trecerea anilor, ceva de acest gen:

„-Păi ea, ea nu a muncit nicio zi în viața ei. Toată ziua a stat în saloane de înfrumusețare și nu a avut nicio grijă.".

Este ceva adevăr în această replică. Dar nu acesta este tot adevărul.

Pe de-o parte voi intuiți corect că orice grijă și orice problemă lasă urme adânci în sufletul unei femei, iar asta se va vedea și în exterior.

Pe de altă parte, trebuie să înțelegeți că sunt femei care nu stau deloc toată ziua. Sunt foarte ocupate, muncesc foarte mult, sunt foarte implicate și, cu toate astea, au o strălucire aparte.

Personal cunosc femei care nu au nicio grijă financiară şi care nu au găsit calea de a manifesta liber această energie şi această feminitate în jurul lor. Pot spune că pot trece neobservate pe lângă un grup de bărbaţi.

La fel de bine cunosc femei care sunt împovărate de griji sociale şi financiare dar care au o atitudine feminină de invidiat.

Sunt femei care consideră că după ce-şi pun verigheta pe deget, ele nu-şi mai aparţin. Trăiesc doar pentru fericirea soţului şi a celor din jur.

Adevărul este că o femeie cu cât uită şi îşi ignoră propria feminitate şi propria frumuseţe, cu atât mai mult iubitul ei se va îndrepta către o altă femeie care exprimă în jur strălucire.

Sunt femei care uită să trăiască şi se complac într-o situaţie de viaţă în care ele se aşază pe locul trei sau chiar mai jos.

Oscar Wilde spunea: „Pentru a-ţi recâştiga tinereţea trebuie doar să-ţi repeţi nebuniile.".

Aşa este. Din păcate, sunt femei ce renunţă prea uşor la propriile *„nebunii"*. Renunţă prea repede la propriile vise. Iar cu cât renunţă mai repede la tot ce le aparţine de drept, cu atât devin mai nefericite.

Această nefericire poate consuma o femeie. O îmbătrâneşte.

Îşi pierde mult din frumuseţe încercând să facă fericiţi oameni care nu-i vor aprecia niciodată enormul efort şi marele sacrificiu.

Toată această muncă în zadar îi va închide sufletul şi îşi va pierde capacitatea de comunicare cu el, iar asta este dureros.

Dacă iubeşti un bărbat şi trăieşti cu el, nu înseamnă că trebuie să renunţi la libertatea ta de manifestare.

Nu înseamnă că trebuie să renunţi la pasiunile tale. Nu înseamnă că trebuie să-ţi arunci pensulele în foc dacă-ţi place să pictezi.

Nu înseamnă că trebuie să-ţi încui într-un dulap pantofii de dans.

Un bărbat care-ţi limitează aceste trăiri pe care tu le aveai din abundenţă atunci când erai singură, este un bărbat care nu te merită.

Nu-ţi oferi libertatea de a-ţi trăi visele şi bucuriile în schimbul unui angajament care te va îmbătrâni tot mai tare pe zi ce trece.

Îţi vei pierde lumina, iar bărbatul pentru care ai renunţat la tine te va părăsi, căci nu va mai fi atras de propria ta feminitate.

Un bărbat care nu-ți va iubi și sufletul nu te va putea iubi deloc.
Capacitatea de a rămâne strălucitoare până la vârste înaintate ține de tine.
Alteori, nu un bărbat, ci singurătatea te poate face să-ți pierzi naturalețea și capacitatea de a provoca fascinație.
Fiecare femeie trebuie să-și găsească propriul echilibrul. Sfaturile celor din jur nu te vor ajuta prea mult.
Vei ști cu adevărat ce-ți dorești și ce anume te-ar putea face fericită atunci când vei învăța să comunici cu propria ta flacără.
Atunci, toate articolele despre fericire citite prin reviste și pe bloguri nu te vor mai putea ajuta cu nimic.
Cu ce ar putea să te ajute când tu ți-ai găsit deja calea? Așa cum un turist ghinionist s-a rătăcit în interiorul unei peșteri și după câteva ore de căutări vede de la distanță lumina soarelui printr-un culoar pe care nu mai pășise până

atunci.

În acel moment se va îndrepta alergând spre lumina care îi va reda libertatea. Îi va reda întreaga demnitate. Îi va reda întreaga fericire pe care o credea pierdută din cauza acelui labirint care-l ținea captiv.

Așa te rătăcești și tu prin desișul de păreri și concepții pe care toți vor să ți le inoculeze, fără să le pese de ceea ce-ți dorești cu adevărat.

Privește cu atenție în tine propria ta lumină. Aleargă spre ea. Îmbrățișeaz-o. Devino una cu ea! Nu o mai părăsi niciodată. Indiferent ce ai face, conștientizeaz-o și nu o pierde nici o clipă din vedere.

Numai așa vei trece cu ușurință peste toate problemele vieții. Acestea nu te vor mai afecta și nu-ți vor mai știrbi frumusețea și energia, indiferent de vârstă. Vei fi înconjurată de un halou de feminitate care va atrage orice privire ca un magnet bine polarizat.

Un magnet în care te-ai transformat în timp ce-ți admirai propria lumină...!

CAPITOLUL XLI

Nu mă mai simt iubită. Şi nu mă refer doar la partenerul meu de viaţă. Parcă toată lumea complotează împotriva mea. Orice aş face, mă izbesc de suferinţă şi de neînţelegerea celorlalţi. Deznădejdea a început să-mi controleze viaţa şi cu cât o face mai tare, cu atât ajung la alegeri şi mai neinspirate. Simt că nu mai ies odată la liman. Cu ce am greşit oare?

*H*aideți să vorbim despre iubire!

Știu că multe dintre voi ați spus „*Te iubesc!*" unor bărbați care nici în cele mai bune zile ale lor nu au putut să înțeleagă nici un sfert din întreaga voastră capacitate de sacrificiu. Nu au reușit să înțeleagă nici jumătate din curajul vostru de a renunța la lucrurile care vă făceau plăcere. Și toate astea de dragul unei relații.

Știu că unele dintre voi v-ați oferit corpul și ați făcut dragoste cu bărbați care v-au spus că vă iubesc. Chiar dacă uneori simțeați că acele cuvinte pronunțate de ei nu erau încărcate cu nicio vibrație emoțională.

Însă, nevoia voastră de a iubi era așa de mare în acele momente, încât v-ați spus că merită să riscați și să vă abandonați în brațele unor bărbați despre care nu știați cât adevăr și câtă minciună pot ascunde în spatele vorbelor.

În timp v-ați convins că unii dintre ei au făcut din cuvintele frumoase o adevărată artă cu ajutorul căreia vânau frumusețea femeilor dornice de a se simți iubite.

Tot în timp, unele dintre voi v-ați dat seama că sunt și bărbați care nu v-au mințit cu nimic atunci când v-au fermecat cu dulcele sunet al acestor două cuvinte. Cele care s-au convins de aceste aspecte se pot considera norocoase de către acele femei care nu au cunoscut decât falsitatea si

ipocrizia din spatele acestui „*Te iubesc!*".

Sunt două cuvinte pe care le poate spune oricine, dar nu oricine are capacitatea de a ridica noblețea acestora de la nivelul profan de înțelegere până la nivelul sacru de trăire.

Draga mea cititoare,

Pentru că te-ai născut femeie, inima ta a fost, este și mereu va fi foarte sensibilă la aceste cuvinte.

Codul tău genetic este construit în jurul iubirii. Nu întâmplător natura te-a ales pe tine să porți copilul în pântec și să-l protejezi. Tu poți înțelege iubirea și o poți oferi.

În toate astea există și un dezavantaj. Setea imensă de iubire pe care o trăiești te poate expune cu ușurință profitorilor care fac negoț cu acest cuvânt.

Unii bărbați sunt atât de receptivi la nevoia ta de a iubi, încât nici nu au nevoie de cuvinte pentru a te face să te simți cu adevărat dorită. Prezența lor te completează și te conduce către stări de conștiință sublime.

Alții, din contră. Au aceeași empatie față de tine, așa cum are o nucă față de un perete.

Tu ai spus de multe ori copiilor tăi că-i iubești. Ai spus de multe ori partenerului de viață că-l iubești. Le-ai spus părinților că-i iubești.

Însă de foarte puține ori sau chiar deloc ți-ai spus și ție că te iubești.

De ce ai uitat să faci asta? Crezi că ești mai prejos decât orice altă persoană care-ți merită iubirea?

Știu că îți este greu să te ierți uneori pentru anumite greșeli de care nu ai fost în totalitate vinovată. Știu că-ți este greu să treci peste anumite momente ale vieții care au săpat șanțuri adânci între tine și inima ta.

Dar, indiferent de cât de multe motive găsești pentru a te învinovăți, nu trebuie să renunți la iubirea față de tine.

Poate erai tânără și destul de naivă atunci când ai ales un bărbat care nu te-a învățat nimic altceva decât să plângi...!

De atunci îți este greu să mai crezi în tăria brațelor unui alt bărbat. Și acum te urăști pentru alegerea făcută, dar să știi că nu ești deloc de vină pentru acest lucru.

Foarte puțini dintre noi pot înțelege de ce existența ne împinge spre anumite experiențe de viață care ne fac să suferim atât de mult.

Iubește-te pentru această alegere pe care ai făcut-o! Aveai nevoie de ea. A purtat un dar pentru tine. Încearcă să vezi darul nu suferința. Numai văzând misterul ei îți poți deschide inima. Numai așa te poți iubi.

Poate copilul tău s-a făcut mare și te judecă pentru că ai ales cândva o situație de viață care i-a schimbat lui destinul într-unul care nu-i aduce destulă bucurie. Și acum îți reproșează acest lucru. De câte ori deschide acest subiect, inima ta se frânge de durere, căci nu ai vrut decât să faci cea mai bună alegere pentru el.

Astfel de situații se întâlnesc destul de des la femeile care și-au crescut singure copiii.

Poate ai fi putut face lucrurile mai bine la acel moment.

Dar așa gândești acum. Atunci ai făcut cea mai bună alegere și ai oferit cea mai bună soluție.

Nimeni nu merită să fie judecat o viață pentru niște alegeri pe care le-a îmbrățișat în urmă cu mult timp.

Fă-ţi timp pentru tine și pentru gândurile tale măcar cinci minute pe zi. Deschide-ţi inima și imaginează-ţi că inspiri și expiri iubire. O inspiri din tot universul și o trimiţi înapoi către el.

Acest exerciţiu te poate vindeca de orice traumă și de orice rană sufletească.

Energia iubirii este medicamentul perfect pentru aceste suferinţe.

Oferă-ţi această iubire! Cu cât te iubești mai mult, cu atât vei fi iubită mai mult.

Cu cât îţi urăști mai tare propria viaţă, cu atât posibilitatea să începi să trăiești experienţe frumoase este mai mică.

Căci așa cum ne alegem partenerii în funcţie de propria noastră pregătire și de propriul nivel de evoluţie, la fel se întâmplă și cu experienţele trăite. Vom atrage acele planuri existenţiale care vor corespunde cu vibraţiile noastre interioare.

Dacă trăim în mâhnire, vom cunoaște supărarea.

Dacă trăim în supărare, vom cunoaște suferinţa.

Nimeni nu se așteaptă să culeagă un trandafir dacă a sădit în pământ o buruiană.

Numai învăţând să te iubești vei începe să te vindeci și să te protejezi de oamenii nepotriviţi și de experienţele de viaţă care te obligă mereu să cunoști suferinţa

CAPITOLUL XLII

Sunt atâtea poveşti de neîmplinire pe care le auzi din gura femeilor care au suferit, încât ajungi să te miri când afli că mai există şi relaţii frumoase.
    Este aşa de greu să mai trăieşti o poveste de dragoste în această lume? Până la urmă nu este o sursă de fericire să trăieşti alături de un partener potrivit?
    Bănuiesc că ştii la ce mă refer. Mi-ar plăcea să aflu care este părerea sinceră a unui bărbat despre toate astea.

*H*aideți să ne închipuim următorul scenariu:

Ea are 20 de ani. Este tânără și frumoasă. Are toată viața înainte. Poate alege orice bărbat să-i fie alături, dar din păcate poate alege greșit.

În general femeile realizează greșeala alegerii puțin cam târziu, căci tinerețea este făcută s-o trăiești o scurtă perioadă de timp.

El are în jur de 32. Mai copt la minte în ceea ce privește relațiile, viața, amorul și viziunea asupra misterelor neînțelese de către spiritul unei femei tinere.

El este demult inițiat în arta amorului. Mai ales dacă a făcut din acest lucru un joc. Dacă i-a plăcut să cucerească multe femei, a început să cunoască și dedesubturile psihologiei feminine.

Toate aceste cunoștințe și toată această experiență lui îi dau un aer de atotștiutor. Îi dau un aer de Don Juan. Îi dau un aer de frumusețe.

O frumusețe care o fascinează pe ea atunci când se vor întâlni întâmplător într-o zi de martie prin parc.

Soarele surâde din plin...

El a ieșit din casă pentru a mai pierde puțin timpul și pentru a-și pune ordine în gânduri.

Ea a ieșit pentru a se întâlni cu o prietenă. Însă aceasta întârzie!

Eroina noastră stă singură pe o bancă, întrebându-se de ce unii oameni nu pot să fie pur și simplu punctuali.

El o vede și rămâne fascinat de puritatea ei și de energia pe care ea o emană cu atâta dezinvoltură.

Intră în vorbă cu ea. Îi spune câteva non-sensuri și două aforisme care pentru ea par niște legi rostite de un mare înțelept.

Percepția ei îl îmbracă în calități pe care chiar și el le-ar dori.

Tânăra femeie se îndrăgostește de puternicul, inteligentul și fermecătorul bărbat.

Trăiește un vis ori de câte ori se vede cu el și ori de câte ori acesta îi soarbe frumusețea pe care ea i-o abandonează fără nici o altă condiție prealabilă.

Părinții ei îl vor cunoaște și vor încerca să-i spună că este exact genul de bărbat care o va face să sufere. Este iresponsabil, este lipsit de profunzime și este manipulat doar de propria satisfacție.

Tânăra noastră intră într-un conflict deschis cu părinții ei care *„nu-i doresc fericirea"*.

Culmea este că și prietenele ei îi tot spun că nu pare genul de bărbat potrivit pentru ea. Căci se vede de la o poştă că îl iubeşte, pe când el a încercat să le seducă pe fiecare dintre ele.

Refuză orice sfat din partea celor care-i vor binele cu adevărat şi se lasă purtată pe aripile bine întinse ale hormonilor specifici tinereţii şi pasiunii.

Peste doi ani, aripile acestora se strâng şi femeia va coborî cu picioarele pe pământ. Ce cădere dureroasă...!

Este părăsită şi aşteaptă un copil pe care bărbatul cel puternic, elegant şi manierat nu-l va recunoaşte niciodată. Nici nu mai poate da de el, căci şi-a schimbat numărul de telefon şi se pare că acea garsonieră în care ea gusta din plin voluptatea este acum goală.

Proprietarii caută alt chiriaş. Speră ei să fie unul mai puţin zvăpăiat, căci cel din urmă nu le-a adus decât probleme.

Tânăra noastră începe să-i acuze pe toţi cei din jur cât de mult au greşit că nu i-au deschis ochii la timp.

De părinţi îi este ruşine şi preferă să rămână la o prietenă decât să se mai întoarcă în casa în care a primit atât de multă iubire. Acum aşteaptă şi ea un copil şi va vedea ce înseamnă să fii părinte şi ce sacrificii va fi in stare să facă pentru fericirea acestuia.

Cât timp i-a luat femeii să înveţe această lecţie dureroasă? Doi ani.

Doi ani în care a uitat să se iubească şi a încercat să nu vadă un adevăr pe care toată lumea îl putea observa cu uşurinţă.

Lipsa inteligenţei emoţionale ne împiedică să vedem măştile celor din jur. Nu putem vedea dincolo de farduri. Nu putem vedea dincolo de formă.

Lipsa inteligenţei emoţionale ne împiedică să vedem sufletul celorlalţi.

„Nu există orb mai mare decât cel care nu vrea să vadă" *spune o vorbă veche, dar foarte înţeleaptă.*

Nu ne minte nimeni aşa cum ne minţim noi singuri.

Dacă ne-am deschide ochii am putea evita toată această suferinţă emoţională care ne este provocată cu intenţie sau fără intenţie de către cei din jur.

Preţul uitării de sine este foarte mare. Cu cât uităm mai mult de noi, cu atât mai mult vom fi abuzaţi şi manipulaţi de către cei care fac un joc din asta.

Uitarea de sine ne poate transforma în victime emoţionale.

O femeie poate constata că şi-a pierdut ani frumoşi alături de un partener care nu va înţelege niciodată că într-o relaţie trebuie să şi oferi nu numai să primeşti.

De multe ori ea nu va mai găsi aceeaşi puritate pentru a fi oferită celui care poate va merita acest lucru. Va începe să iubească metodic şi egoist.

Căci inocenţa ei a fost otrăvită cu mâhnire, iar zâmbetul ei a învăţat să fie mult mai strâns decât era înainte.

Ce profesor dur poate să ne fie viaţa...

Mai ales când uităm să ne iubim pe noi înşine!

CAPITOLUL XLIII

Îmi plac bărbații spontani care nu gândesc după clișee. Mi se pare chiar fascinant ca un bărbat să poată face asta. Discuțiile care mă excită intelectual îmi par cel mai puternic afrodisiac. Dacă stau bine să mă gândesc, degeaba un bărbat arată foarte bine dacă el nu știe să mă provoace cu inteligența lui. Bănuiesc că nu sunt singura femeie care lucrurile în acest mod.

Știi foarte bine că lucrurile noi și neprogramate îți vor oferi întotdeauna o sursă de emoții nelimitate.

Este posibil ca iubitul tău, din dorința de a te scoate din rutina zilnică, să încerce să programeze o plimbare sau o partidă de amor. Este destul de neinteresant să-ți spună:

„-Iubito, as vrea ca mâine seară la ora 19 să aprind niște lumânări parfumate, să pun un CD cu Barry White și să fac dragoste cu tine".

Nu vei fi prea încântată de această propunere, deoarece la un bărbat vei aprecia mereu spontaneitatea.

Vei prețui întotdeauna capacitatea lui de a răspunde într-un mod firesc și natural unei provocări venite în orice moment din partea celor din jur sau chiar din partea ta.

Sunt femei care simt că se topesc lângă un bărbat inteligent care are talentul de a-i răsturna întrebările și de-a o face să-și reconsidere chiar și propriile principii.

Dragă femeie,

Un bărbat spontan va avea posibilitatea de a rămâne mereu în legătură emoțională cu ființa ta și asta te va face să te simți apreciată și dorită.

Sunt bărbați care mint o femeie doar pentru a încerca să profite de atingerea ei. Ce nu înțeleg astfel de bărbați este că o femeie, chiar și atunci când este învăluită cu vorbe lipsite de adevăr, își dă seama de asta.

Toți bărbații spun prostioare, bancuri și uneori fac glume nesărate pentru a vă intra în grații. Dacă un bărbat știe să facă aceste lucruri cu franchețe și într-un mod spontan și elegant, el va fi apreciat de femei.

Priviți în ce joc minunat se implică unii bărbați vara la terase când își scot iubitele la o cafea. Dacă te-ai transforma într-un fluture și ai fi martoră la aceste discuții te-ai amuza copios dacă ai auzi ce vorbe de duh și ce subtilități emoționale folosesc pentru a convinge femeia din fața lor că ei chiar merită atingerea acesteia.

Unele femei sunt atât de fascinate de aceste vorbe și de aceste întoarceri de cuvinte, încât nu se mai pot opri din râs. O femeie ce râde din suflet are o frumusețe greu de descris în cuvinte, iar asta se datorează respectivului bărbat.

Deci femeilor le place să fie mințite frumos. Căci în spatele acestor minciuni, ele se simt dorite. La nivel subliminal știți că bărbatul acela nu ar depune atâta energie dacă nu v-ar dori lângă el.

În același timp urâți grosolăniile și greoaia exprimare a unui bărbat.

Sunt bărbați care ar trebui să înțeleagă de la bun început că femeia are un simț care de puține ori dă greș atunci când ea face cunoștință cu un bărbat prima dată.

Femeia are capacitatea de a citi în el dacă este un afemeiat, dacă este timid sau dacă este un bărbat stăpân pe conștiința lui.

Femeile simt puterea unui bărbat sau slăbiciunea acestuia.

Și atunci, mă mai întrebați de ce femeile intră în relații care le oferă suferință? Răspunsul se află în convingerea lor că pot schimba bărbatul respectiv.

Unele ies victorioase, dar apoi își pierd atracția față de el, căci văzând cât de ușor au reușit să-l *„modifice"*, își vor pierde încrederea în masculinitatea lui.

Alte femei nu reușesc să-l schimbe și atunci suferă fără să accepte faptul că în momentul în care l-au cunoscut știau foarte bine că acel bărbat era un afemeiat, spre exemplu.

Pentru unele femei astfel de bărbați sunt o provocare. Vor să vadă ce au găsit alte femei la el.

Niște calități au ei dacă reușesc să atragă atâtea femei. Tocmai aceste calități vei tu să i le anulezi, iar acest lucru va îndepărta respectivul bărbat de tine.

Dacă reușești să-i elimini aceste calități, atunci îți vei pierde și tu interesul pentru el, căci nu-l vei mai considera o provocare pentru tine.

Un bărbat se va schimba atunci când va simți că merită să o facă pentru tine. Pentru a-l face să renunțe la îmbrățișările altor femei, el va trebui să te iubească.

El nu se va schimba doar pentru că vrei tu. Din contră...! Cu cât îi vei cere asta mai mult, cu atât rezultatul va fi negativ.

Femeile pot ierta și accepta multe unui bărbat dacă acesta știe cum să se poarte cu ele. Cu toate acestea, cel mai greu pentru o femeie este să accepte indiferența lui.

O femeie simte nevoia să facă parte din ceva. Să aparțină unei relații. Ea se dedică trup și suflet unui bărbat atunci când iubește. Oferă totul și nu dorește în schimb ceva mai puțin.

Indiferența unui bărbat o va face să se îndoiască de propriile ei alegeri și de propria ei fericire.

Sunt multe cazuri de femei care și-au părăsit iubiții, dar nu pentru că aceștia au greșit cu ceva obiectiv, ci pentru simplul fapt că nu le-au făcut să simtă că ei și-ar dori să fie alături de ele întreaga viață.

Dacă un bărbat nu poate transmite acest lucru unei femei, ea va înțelege că va rămâne cu ea până va găsi altceva mai bun și atunci o va părăsi.

Oricât de greu i-ar fi va face ea primul pas în ceea ce privește destrămarea acelei relații, căci o femeie știe că frumusețea ei își pierde din strălucire în lupta contra anilor.

Pentru ce să ofere tot ce are mai bun unui bărbat care nu este pregătit să-și ofere prezența lui totală și necondiționată?

O femeie nu este responsabilă niciodată de dezvoltarea și de maturizarea emoțională și spirituală a unui bărbat.

Asta este responsabilitatea lui.

Ea are nevoie de iubire și de siguranța că undeva există un bărbat care îi va fi alături ori de câte ori viața va încerca să-i arate că nu este o femeie suficient de puternică.

Ea are nevoie de un bărbat în brațele căruia se poate abandona complet fără teama de a face vreo greșeală. Acest abandon și-l va exercita doar în momentul în care ea va avea încredere totală în bărbat.

Pentru o femeie care nu se simte iubită, niciun ruj nu este destul de roșu, niciun parfum nu este suficient de intens și niciun fard nu este suficient de bun pentru a o face să uite

acest lucru.

Nu o ajută cu nimic să-și îngrijească corpul dacă inima ei nu a cunoscut aroma iubirii.

Fumusețea ei este un dar pentru oamenii din jurul ei, căci frumusețea unei femei ridică nivelul de vibrație al oamenilor.

Frumusețea unei femei este o terapie pentru cei care știu să o privească.

Uneori, pentru ea, această frumusețe nu este o hrană. Din contră, este privită ca o povară pe care va trebui să o poarte tot timpul atâta timp cât nu-i aduce niciun strop de împlinire.

Dacă o femeie ar avea de ales între iubire și frumusețe, știți bine ce ar alege.

CAPITOLUL XLIV

Mi s-a întâmplat cândva să trăiesc alături de un bărbat niște momente pe care le pot explica foarte greu, căci nu-mi găsesc cuvintele potrivite. Cred că era mai degrabă o stare de plutire. Simțeam că m-am dilatat și nu mai eram conștientă nici măcar de corpul meu. Știam doar că existam într-o stare de mare fericire. Cred că asta este iubirea pe care mulți încearcă s-o argumenteze. Îmi poți spune câte ceva despre acest aspect?

De la un bărbat mai ai nevoie de ceva important pe lângă atenție, atingere și prezență totală în viața ta.

Ai nevoie de magie! Sau altfel spus, ai nevoie de momente magice pe care el să poată fi în stare să ți le ofere.

În acele clipe tu vei fi dincolo de logică, dincolo de definiții și dincolo de orice idee care ți-a trecut vreodată în minte despre iubire.

Dincolo de simțire și dincolo de cuvinte.

Dincolo de întrebări și dincolo de răspunsuri.

Astfel de momente sunt trăite des de către sufletele evoluate care sunt înnobilate cu o mare putere spirituală.

Ceilalți vor intui doar, câteodată, astfel de momente și se vor bucura de starea inefabilă în care se vor scălda.

Un singur trup, o singură gură, un singur gând care în cele din urmă va dispărea și el.

O singură esență la care se reduce prezența celor doi iubiți.

În astfel de clipe timpul dispare pentru ei, aceștia primind în schimb un extaz ce greu poate fi încadrat în vreun șablon.

Asta înseamnă să trăiești iubirea alături de un partener potrivit.

Trebuie să avem curajul de a recunoaște că nu oricine a trăit astfel de experiențe.

Nu pentru că anumite persoane nu ar fi înzestrate genetic pentru așa ceva...! Nicidecum!

Problema este că puțini dintre noi pot renunța la orgoliul care ne separă de persoana de lângă noi.

Acest orgoliu ne oferă o siguranță, dar ne răpește libertatea de a experimenta plenitudinea zborului.

Această conexiune nu se va produce niciodată la cei care încearcă să profite de partenerii lor.

Această legătură nu se va forma niciodată la cei care intră în relații doar dintr-o simplă formalitate.

Dacă cei doi parteneri vor împărtăși această experiență chiar și pentru o noapte, atunci ei vor deveni iubiți. Atunci își vor merita din plin această denumire.

Femeile care au trăit o astfel de magie știu despre ce vorbesc.

Cele care nu au avut încă norocul să găsească bărbatul potrivit pentru astfel de momente, le doresc să-l găsească.

Nicio experiență nu este atât de satisfăcătoare precum este starea de iubire.

Ea există și se manifestă liber și spontan în fiecare din noi, dar nu atunci când vrem s-o trăim ci atunci când suntem pregătiți s-o trăim.

Această pregătire vine din experiențele acumulate de noi până acum și din capacitatea noastră de a ne alege corect calea spre care ne îndreaptă sufletul.

Deși trăim zilnic înconjurați de atâția oameni, nu toți au același drum ca și noi.

Nu toți au aceeași putere de a evolua.

Nu toți sunt dispuși să facă sacrificiul de a renunța la orgoliul care îi separă atât de tare de semenii lor.

Suntem, așa cum spuneam în capitolul al XXXIV-lea, niște semințe care se pot deschide și înflori cu ușurință alături de partenerul potrivit.

La fel de bine, ele pot rămâne închise chiar dacă sunt înconjurate de sute de parteneri nepotriviți.

Doamnelor, nu vă mai lăsați privirea în jos în fața nimănui doar de frica singurătății.

Nimeni nu merită să iubească în genunchi, așa cum nimeni nu are dreptul să vă ia demnitatea.

Nu uitați să vă iubiți în primul rând pe voi însevă în fiecare clipă a existenței.

Un cadou mai mare nici că vă puteți face...!

CAPITOLUL XLV

Sunt o femeie obişnuită, dar care este sătulă de atâta superficialitate văzută în jurul meu.
Mereu am visat ca un bărbat să-mi scrie personal câteva cuvinte. Imi cer scuze că sunt atât de directă şi de îndrăzneaţă, dar nu mai sunt aşa tânără, ca să-mi permit să aştept. Timpul a început să lupte împotriva mea.
Ai putea să-mi îndeplineşti această dorinţă? Măcar câteva rânduri. Mulţumesc mult!

Uneori trec pe stradă pe lângă tine şi te privesc în ochi. Tu nu ştii asta, dar eu observ şi înţeleg...
Ochii tăi care îmi spun despre tine tot ce îţi doreşti să ascunzi cu dibăcie.
Ochii tăi care nu îmbătrânesc niciodată.
Ochii tăi prin care vezi lumea aşa cum ţi-ai ales tu să o priveşti.
Ochii tăi care uneori refuză să vadă atâta nedreptate în jurul tău.
Ochii tăi care nu ezită vreodată să-ţi spele obrazul cu o lacrimă atunci când ai nevoie să te ascunzi de această lume dezlănţuită.
În privirea ta se pot vedea toate împlinirile tale şi toate eşecurile de care te faci uneori vinovată. Dar aceste eşecuri le-ai trăit nu pentru a te duce mai aproape de nefericire, ci pentru a te conduce tot mai mult către propria ta evoluţie.
În privirea ta se poate vedea întreaga ta manifestare de când erai o copilă şi alergai în jurul casei părinteşti în dorinţa ta de a explora lumea şi misterele ei şi până în ziua de azi...! Ziua în care nebunia lumii te-a obligat să nu mai crezi în miracole.
În privirea ta se poate vedea toată acea curiozitate care te-a stăpânit până la ultima ta celulă pe când erai o tânără femeie. Atunci tu căutai să înţelegi ce e iubirea. Atunci ai înţeles ce înseamnă tentaţia. Atunci ai învăţat să te abandonezi în faţa atingerii bărbatului pe care-l iubeai.
Este posibil să nu înţeleagă nici acum ce sacrificiu ai făcut atunci pentru el. Atunci nu a înţeles cu siguranţă cât de nepreţuită era inocenţa ta...
În privirea ta se poate vedea că uneori ai fost dezamăgită de iubirea pe care ai primit-o. Tu ai oferit mai mult decât ţi s-a oferit. Şi dacă ar fi s-o iei de la capăt ai proceda la fel, căci tu nu ştii ce înseamnă să iubeşti doar pe sfert sau doar pe jumătate.
În privirea ta se poate vedea cât eşti de diferită de celelalte femei. Iar această diferenţă te face imens de frumoasă. Tu nu realizezi uneori asta şi încerci să te compari cu alte femei care, la fel ca tine, simt nevoia să se compare prin înălţime, greutate, culoarea părului, strălucirea ochilor sau preţul pantofilor.
Cu toate că eşti incomparabilă, tu ai mereu motive de îngrijorare. Deşi înţelegi că nu mai este în acest Univers o fiinţă asemenea ţie. Deşi realizezi că în momentul în care eşti iubită, eşti iubită tocmai pentru această unicitate.
Pentru felul în care îţi atingi părul atunci când ieşi din apa

înspumată a mării.

Pentru felul în care picotești atunci când te bagi sub plapumă într-o zi friguroasă de iarnă.

Pentru felul în care închizi ochii atunci când asculți melodia preferată.

Pentru felul în care te superi că rochița pe care o iubești atât de mult, uneori nu-ți mai vine așa cum îți dorești.

Pentru felul în care te aranjezi mereu diferit, în funcție de dispoziția ta din acele momente.

Pentru felul în care plângi atunci când te simți trădată și dezamăgită.

DRAGA MEA CITITOARE,

Dacă ai şti câtă frumuseţe este în viaţa ta, tu nu ai mai trece cu uşurinţă peste aceasta şi nu ai mai ceda-o altora fără să primeşti în schimb măcar o îmbrăţişare adevărată.

Ar trebui să te opresc şi să-ţi spun cât de minunată eşti şi câte surprize ascunzi mereu pentru bărbaţii care te privesc fascinaţi şi invidioşi pe capacitatea asta a ta de-a aduna atât de multă atenţie din jur.

Ar trebui să te opresc şi să-ţi mulţumesc pentru faptul că, privind în ochii tăi, încep să-mi găsesc şi eu soluţii la întrebări care mă sfidează mereu prin lipsa lor de răspunsuri.

Ar trebui să te opresc şi să te întreb de ce nu ai puterea de-a intui bărbatul care te-ar putea face fericită? Cu toate astea, tu poţi intui atâtea adevăruri despre misterul vieţii, încât rămân surprins de ce mai există uneori lacrimi pe obrazul tău?!

Ar trebui să mă opreşti şi să mă întrebi de ce am simţit nevoia să scriu aceste rânduri pentru tine.

Se spune că mereu vei preda cel mai bine ceea ce ai cea mai mare nevoie să înveţi.

Scriind aceste pagini, eu încep să înţeleg tot mai mult eternul mister feminin care ne înconjoară cu dărnicie în toate aspectele vieţii.

Aprofundând mai bine acest lucru eu voi evolua, căci nu-mi place să rămân pe loc. Îmi place să trăiesc în ape curgătoare, nu în mlaştini.

Eu scriu aceste rânduri pentru tine și în același timp îți mulțumesc că exiști. Dacă tu nu ai fi existat, eu nu aș fi realizat cât de puține lucruri cunosc și cât pot fi de ignorant uneori...

Aceste rânduri mă vor apropia mai mult de adevărul din tine, iar pe tine te vor ajuta să înțelegi de ce uneori faci anumite alegeri care te pot îndepărta de starea ta naturală de fericire.

Asta da afacere! Suntem amândoi la fel de câștigați.

Pe lângă asta, se va forma o legătură strânsă între noi. O punte care ne va aminti mereu că nu suntem singuri în această lume.

Se pare că avem nevoie unul de celălalt! Nu am dreptate?

Îți mulțumesc că ai petrecut alături de mine aceste câteva ore care sper că te-au făcut o femeie mai bună. Nu uita că iubirea este darul tău cel mai de preț!

Acum, că ai terminat de citit această carte, te vei duce singură într-o cameră sau dacă ești deja singură vei rămâne în același loc. Vei închide cartea, vei închide ochii, iar propria ta conștiință va recunoaște un adevăr de necontestat: dacă un bărbat a avut tăria să scrie aceste cuvinte pentru tine, tu de ce nu ai curajul să te gândești zilnic ce femeie minunată ești?

A.

Sfârșit!

Printed in Great Britain
by Amazon